VERÖFFENTLICHUNGEN DES
HWWA-INSTITUT FÜR WIRTSCHAFTSFORSCHUNG-HAMBURG

Wachstumspole in Entwicklungsländern

eine Analyse der Methoden zur Erfassung und Bewertung
von wirtschaftlichen Zentren, dargestellt am Beispiel von Botswana

J. Sibylle Brandis

1985

Verlag Weltarchiv GmbH · Hamburg

CIP-Kurztitelaufnahme der Deutschen Bibliothek

Brandis, Sibylle:
Wachstumspole in Entwicklungsländern: e. Analyse d.
Methoden zur Erfassung u. Bewertung von wirtschaftl.
Zentren, dargest. am Beispiel von Botswana/
J. Sibylle Brandis. – Hamburg:
Verlag Weltarchiv, 1985.
   (Veröffentlichungen des HWWA-Institut für
   Wirtschaftsforschung – Hamburg)
   ISBN 3-87895-273-2

Geographisches Institut
der Universität Kiel

V O R W O R T

Die Abteilung Entwicklungsländer und Nord–Süd–Wirtschaftsbeziehungen des HWWA beschäftigt sich im Rahmen ihrer Forschungsaktivitäten seit langem mit Fragen der integrierten ländlichen Regionalentwicklung. Bei der theoretischen Behandlung, aber auch bei der wissenschaftlichen Begleitung von Regionalentwicklungsvorhaben in den Ländern der Dritten Welt ist die Diskussion von Möglichkeiten und Grenzen der Wachstumspole von erheblicher Bedeutung.

Die vorliegende Studie von J.Sibylle Brandis über Wachstumspole in Entwicklungsländern stellt nicht zuletzt wegen ihrer empirischen Ausrichtung eine sinnvolle Ergänzung unserer Arbeiten dar. Sie entstand als Dissertation an der Universität Hamburg und wurde von Prof.Dr. Günter Borchert betreut.

Das Ziel der Untersuchung besteht in der Herausarbeitung praktikabler Verfahren zur Bewertung von Wachstumspolen in den Regional- und Wirtschaftsplanungen von Ländern der Dritten Welt. Zur Erfassung der Wirtschaftsabläufe und der räumlichen Verflechtungen wird dabei zunächst ein Interaktionsmodell für Wachstumspole entwickelt. Mit seiner Hilfe können einzelne Abläufe isoliert betrachtet werden. Wichtiger ist jedoch die Möglichkeit der übergreifenden Erfassung und Bewertung von Impulsen eines Pols und ihrer Übertragung und Wirkung auf das Umland, andere Pole und die Gesamtwirtschaft. Auf dieser Basis wird ein Bewertungsschema für die Impulskraft von Wachstumspolen aufgestellt, das für die Anwendung in Entwicklungsländern geeignet ist.

Dietrich Kebschull

für

S U S E

(1961–1978)

INHALTSVERZEICHNIS

GLIEDERUNG   7

VERZEICHNIS DER TABELLEN; ABBILDUNGEN UND DIAGRAMME   11

VERZEICHNIS DER ABKÜRZUNGEN UND VARIABLEN   17

GLIEDERUNG

1. EINLEITUNG   19

    1.1. Problemstellung und Ziel der Arbeit   19

    1.2. Gang der Untersuchung   22

2. ERFASSUNG UND BEWERTUNG VON WACHSTUMSPOLEN IN   26
    ENTWICKLUNGSLÄNDERN

    2.1   Das Wachstumspolkonzept im Rahmen der   26
          Wachstums- und Raumwirtschaftstheorie
          sowie der Regionalplanung

    2.2. Empirische Analysemethoden für räumli-   44
          che Wirtschaftsbeziehungen und räumli-
          ches Wirtschaftswachstum

          2.2.1 Interaktionsmodell eines Wachs-   45
                 tumspols

          2.2.2. Darstellung der Methoden und   56
                 Ansätze

                 2.2.2.1. Regionale Kennziffern   57

                 2.2.2.2. Methode der Bestimmung   59
                          Zentraler Orte

                 2.2.2.3. Shift-Analyse   62

                 2.2.2.4. Standortkatalog und Po-   67
                          tentialfaktoren

                 2.2.2.5. Gravitations- und Po-   70
                          tentialmodelle

2.2.2.6. Input-Output-Analyse   72

2.2.2.7. Export-Basis-Modell   77

2.2.2.8. Kosten-Nutzen Analy-   80
se und Nutzwertanalyse

2.2.3 Eignung der empirischen Analyse-   83
methoden für die Erfahrung und
Bewertung von Wachstumspolen hinsichtlich Impulsgebung, - übertragung und -wirkung

2.3. Klassifizierung und Prüfung der Übertra-   90
gungsmöglichkeiten von Analysemethoden
aus empirischen Arbeiten

2.3.1. Angewandte Analysemethoden   91

2.3.2. Angewandte mathematisch-sta-   93
tistische Verfahren

2.3.3. Bewertung der generellen und   94
speziellen Übertragungsmöglichkeiten für Anwendungszwecke

2.4. Ansatz für den Entwurf eines Bewer-   95
tungsschemas

3. WACHSTUMSPOLE IN BOTSWANA   98

3.1. Auswahl der regionalen Wachstumspole   102

3.2. Wirtschaftliche Entwicklung der Städte   104

3.3. Anwendung der empirischen Analysemetho-   107
den zur Erfassung und Bewertung von Impulsgebung, -übertragung und -wirkung

3.3.1 Kennziffern   108

3.3.2. Standortquotient   110

3.3.3. Shift-Analyse   112

3.3.4. Zentralörtliche Ansätze   115

3.3.5. Standortkatalog   118

3.3.6. Gravitationsansatz   123

3.3.7. Input-Output-Analyse   131

3.3.8. Kosten-Nutzen-Analyse   134

3.4. Zusammenfassende Bewertung des Wachs-   143
      tumspolcharakters ausgewählter Städte
      in Botswana

3.5. Zusammenfassung der Ergebnisse für   145
      Selebi-Phikwe anhand des Bewertungs-
      schemas

4. BEURTEILUNG DER EMPIRISCHEN ANALYSEMETHODEN   148

4.1. Bestimmung der Einsatzbereiche der   149
      Methoden

4.2. Allgemeine Anwendbarkeit des Bewer-   157
      tungsschemas

4.3. Planung und Kontrolle   158

5. INTERAKTIONSMODELL UND BEWERTUNGSSCHEMA ALS   163
    GRUNDLAGEN FÜR PRAXISBEZOGENE UNTERSUCHUNGEN
    UND PLANUNGEN VON WACHSTUMSPOLEN

ANHANG   169

QUELLENVERZEICHNIS   185

VERZEICHNIS DER TABELLEN, ABBILDUNGEN UND DIAGRAMME

Im Text:

Tabelle 1: Maßgrößen und Erfaßbarkeit (Datenquelle) von Impulsgebung und/oder
-wirkung (innerhalb   des Interaktionsmodells)   51

Tabelle 2: Maßgrößen und Erfaßbarkeit (Datenquelle von Impulsübertragung (in-
nerhalb des Interaktionsmodells)   54

Tabelle 3: Berechnungstabelle für Shift-Analyse, Beschäftigung nach Polzuge-
hörigkeit und Wirtschaftssektor
(zum Zeitpunkt t)   63

Tabelle 4: Standortkatalog mit allgemeinen
Standortfaktoren, Standortanfor-
derungen ausgewählter Branchen   68

Tabelle 5: Eignung ausgewählter empirischer
Analysemethoden zur Bewertung und
Planung von Wachstumspolen (Impuls-
gebung, -übertragung und -wirkung)   84

Tabelle 6: Zusammenstellung der geeignetsten
empirischen Analysemethoden zur
Bewertung der Entwicklung und des
wirtschaftlichen Wachstums im Pol   86

Tabelle 7: Verbale Zuordnung optimaler empirischer Analysemethoden für eine Bewertung von Wachstumspolen (anhand
ausgewählter Beispiele)   89

Tabelle 8: Bewertungsschema für die absolute   97
und relative wirtschaftliche Impuls-
kraft einer Stadt resp. eines Ortes

Tabelle 9: Ausgewählte Kenndaten von Botswana   101

Tabelle 10: Der Einfluß von Regionalplanungsal-   109
ternativen auf die Beschäftigungs-
entwicklung in Jwaneng und im regionalen Umland

Tabelle 11: Standortquotienten für ausgewählte   111
Städte in Botswana

Tabelle 12: Vergleich der theoretischen Hierar-   117
archie zentraler Orte nach CHRISTA-
LER und der empirischen Hierarchie
zentraler Orte in Botswana

Tabelle 13: Schema für eine Punktgewichtung zen-   120
tralörtlicher Einrichtungen in Entwicklungsländern

Tabelle 14: 'forward and backward linkages' sowie   133
der Importanteil in der Produktion
der Wirtschaft von Botswana (1974-75,
in v.H.)

Tabelle 15: Direkte und gesamte volkswirtschaft-   139
liche Nettonutzenwerte des Projektes
Selebi-Phikwe bei alternativen Bewertungsansätzen (in v.H., in Mill. Pula)

Tabelle 16: Bewertung der Impulskraft von Selebi-   147
Phikwe

Tabelle 17: Ablaufschema der Planung und Förde-   162
rung von Wachstumspolen in Entwick-
lungsländern

Abb.   1:   Hierarchische Ordnung von Städten, ge-   33
              bildet durch die stufenweise Ausbrei-
              tung von Wachstumsimpulsen

Abb.   2:   Interaktionsströme zwischen Wachstums-   49
              pol und Umland, anderen Polen und Ge-
              samtwirtschaft resp. Staat

Abb.   3:   Klassifizierung 'Zentraler Orte'   60

Abb.   4:   Gravitationsfelder um einen Pol   71

Abb.   5:   Prozentuale Anteile der in empirischen   91
              Arbeiten angewandten empirischen Ana-
              lysemethoden (in v.H.)

Abb.   6:   Landkarte von Botswana   99

Abb.   7:   Bevölkerungsentwicklung in ausgewähl-   103
              ten Städten von Botswana (1971,1981)

Abb.   8:   Graphische Darstellung der Shift-Ana-   114
              lyse von der Beschäftigungsentwick-
              lung in ausgewählten Städten von Bot-
              swana (1975, 1980)

Abb.   9:   Existenz zentralörtlicher Einrichtun-   121
              gen in ausgewählten Orten in Botswana
              (1981)

Abb.   10:   Skizze der Hauptverbindungsstraße von   124
              Lobatse nach Maun (Botswana) mit Anga-
              ben zu den Entfernungen (in km) und
              Einwohnerzahlen (abs. Anz.,1981)

Abb.   11:   Schema der Liefer- und Empfangsströme   154
              von den Polindustrien zweier Pole

Diagramm 1: Interaktionsmodell eines Wachstums-   43
             pols

Tabelle A 1: Eignung der Nutzwert- und Kosten- 170
Nutzen-Analyse zur Bestimmung von
Kosten und Nutzen eines Wachstums-
pols

Tabelle A 2: Untersuchungsschema für die Über- 171
prüfung der Eignung empirischer
Analysemethoden für eine Bewertung
von Wachstumspolen

Tabelle A 3: Untersuchungsschema für eine Aus- 172
wertung empirischer Arbeiten

Tabelle A 4: Auswertung ausgewählter empirischer 173
Arbeiten hinsichtlich der angewand-
ten Analysemethoden

Tabelle A 5: Auswertung ausgewählter empirischer 174
Arbeiten hinsichtlich der angewand-
ten mathematischen Berechnungsverfahren

Tabelle A 6: Prüfung und Empfehlung der Übertra- 175
gungsmöglichkeiten der in ausgewähl-
ten empirischen Arbeiten angewandten Analysemethoden und Vorgehensweisen

Tabelle A 7: Beschäftigungsentwicklung (1975, 176
1980) und Unternehmensbestand
(1975) nach Wirtschaftssektoren
in ausgewählten Städten von Botswana

Tabelle A 8: Shift-Analyse von der Beschäftigungs- 177
Entwicklung in ausgewählten Städten
von Botswana nach Wirtschaftssektoren (1975, 1980)

Tabelle A   9:   Shift-Analyse von der Beschäfti-   178
                   gungsentwicklung in ausgewählten
                   Städten von Botswana (1975, 1980)

Tabelle A   10:   Shift-Analyse von der Investitions-   178
                   tätigkeit in ausgewählten Städten
                   in Botswana (1975, 1983)

Tabelle A   11:   Zentralörtliche Einrichtungen und   179
                   Bevölkerungszahlen ausgewählter
                   Orte in Botswana (1981)

Tabelle A   12:   Output, Zwischennachfrage und Wert-   180
                   schöpfung in der Wirtschaft von
                   Botswana (1979/80), nach Wirt-
                   schaftssektoren

Tabelle A   13:   Direkte gesamtwirtschaftliche Kosten   181
                   und Nutzen sowie Sekundärnutzen des
                   Projektes Selebi-Phikwe, in Mill.
                   Pula (1974-2000)

Tabelle A   14:   Identifikationsschema für das wirt-   182
                   schaftliche Entwicklungspotential
                   von Stadt und Umland

Abb. A   1:   Bevölkerungsverteilung in Botswana   183
                   (Stand: 1981)

VERZEICHNIS DER ABKÜRZUNGEN UND VARIABLEN

A	Aktivitätsgrad
a	Exponentialkoeffizient
B	Beschäftigte
b	Entfernungselastizität
BCL	'Bamangwato Concessions Limited'
BMC	'Botswana Meat Commission'
BSP	Bruttosozialprodukt
c	Gravitationskonstante
CSO	'Central Statistics Office'
d	Entfernung
DTRP	'Department of Town and Regional Planning'
g	Gewichtungsfaktor
GDI	'German Development Institute'
I	Investition
$i = 1, \ldots, m$	Sektor i
I-O-Tabelle	Input-Output-Tabelle
$j = 1, \ldots, m$	Pol j; mit $j \neq r$
k	marginale Konsumquote
LDC	'Less Developed Countries'
LLDC	'Least Developed Countries'
LP	Lineare Programmierung
M	Merkmal
MCI	'Ministry of Commerce and Industry'
MEMBOT	'Macro Economic Model for Botswana'
MFDP	'Ministry of Local Governments and Lands'

MLGL	'Ministry of Local Governments and Lands'
MWC	'Ministry of Works and Communications'
NDS	'Net Differential Shift'
NPS	'Net Proportional Shift'
P	Pol, resp. Wachstumspol
p	Bevölkerung, Einwohner
PF	Polfaktor
PSOF	Polstandortfaktor
PSF	Polstrukturfaktor
$q = 1, \ldots, s$	Produkt q
$r = 1, \ldots, n$	Pol r; mit $r \neq j$
SAM	'Social Accounts Matrix'
SQ	Standortquotient
$t = 1, \ldots, v$	Zeit
T	Arbeitstage
TNS	'Total Net Shift'
w	Wertschöpfung
x	unabhängige Variable für Korrelationsberechnungen
y	Einkommen
Y_{EX}	durch Exportaktivitäten erwirtschaftetes Einkommen
Y_L	durch Befriedigung lokaler Nachfrage geschaffenes Einkommen
y	abhängige Variable für Korrelationsberechnungen
z	Verflechtungsintensität
z_{rj}	Verflechtungsintensität zwischen Pol r und Pol j

1. EINLEITUNG

1.1. Problemstellung und Ziel der Arbeit

In den vergangenen drei Jahrzehnten wurde die Regional- und Wirtschaftsplanung in Entwicklungsländern durch die Anwendung verschiedener Polarisations- und Wachstumspolmodelle geprägt. Besonders das Wachstumspolkonzept fand starke Beachtung, denn gerade in jenem Konzept wurden Strategien gesehen, wie ein wirtschaftliches Wachstum in zurückgebliebenen oder unterentwickelten Regionen geschaffen und gefördert werden könne. Doch die Umsetzung des theoretischen Gedankengutes in eine entsprechende Regional- und Wirtschaftspolitik hat in der Vergangenheit recht häufig zu fatalen Ergebnissen und Mißerfolgen geführt.

Die Gründe hierfür sind vielfältig. Sie reichen von einer mangelhaften Planung des Standortes sogenannter Wachstumspole, über deren unzureichende Kapitalausstattung bis hin zu dem Unvermögen, die wirtschaftliche Kraft dieser Pole als notwendige Bestandteile einer nationalen Wirtschaftsstruktur zu entwickeln. Zudem war das Augenmerk der Planer offensichtlich zu sehr auf das statische Design und die städtebauliche Ausstattung der Pole gerichtet, anstatt diese als Impulsgeber für wirtschaftliches Wachstum in ihrem Einflußbereich zu verstehen. Die sich selbst tragenden Kräfte innerhalb eines ökonomischen Wachstumsprozesses wurden selten erkannt und somit auch kaum in planerische Instrumente umgesetzt. Zudem wurde das einen Pol umgebende sozioökonomische Netzwerk mit seinen Verbindungen und Strömen kaum einer gründlichen Analyse unterzogen.

Die auf dem Reißbrett geplanten Städte wurden gebaut und entwickelten sich nicht selten dann zu Enklaven, weil ihre Verbindungen weniger mit dem regionalen Umland als vielmehr mit der nationalen Wirtschaft resp. ausländischen Wirtschaften bestanden. Folglich waren die angestrebten regionalen Impulseffekte solcher Pole entweder schwach oder gar negativ, besonders wenn im Wege der Konzentration (Polarisation) eine Entleerung der sie umgebenden Gebiete auftrat. Das Endziel eines regionalen Breitenwachstums war somit verfehlt.

Können nun solche Rückschläge als empirische Beweise für die mangelnde Eignung des Wachstumspolkonzeptes gewertet werden? Die Beantwortung setzt sich aus mehreren Aspekten zusammen.

Zum einen sind von den meisten Regionalplanern die Aussagen der Wachstumspoltheorien mißverstanden worden, da in der so umfangreichen wie auch widersprüchlichen Literatur kaum allgemeingültige Begriffsdefinitionen verwandt werden, und die jeweiligen Interpretationen und Modelle einzelner Autoren - häufig mit mangelndem theoretischen Unterbau - eher deskriptiv denn analytisch sind. Zum anderen ist es angesichts eines in der Regionalplanung zeitlichen Horizontes von zumeist 15-25 Jahren nicht vertretbar, wenn bereits in der ersten Dekade der Anwendung einer Wachstumspolstrategie endgültige Urteile über die praktische Anwendbarkeit des Wachstumspolkonzeptes resp. der polarisationstheoretischen Ansätze gesprochen werden. Eine mängel- und fehlerfreie Plandurchführung vorausgesetzt, sind häufig im kurz- bis mittelfristigen Bereich überwiegend zentripetale Effekte zu beobachten, während langfristig die Dominanz zentrifugaler - und somit positiver - Effekte zu erwarten ist.[1]

---

1) Vgl. H.W. RICHARDSON, Growth Pole Spillovers: The Dynamics of Backwash and Spread, in: Regional Studies, Vol. 10 (1976), S. 1-9.

Um den Einfluß der Effekte auf das regionale wie auch nationale Wirtschaftswachstum als eine planerische Größe erfassen zu können, bedarf es sowohl einer genauen Definition und Identifikation wie auch einer weitgehenden Quantifizierung eben jener Effekte. Hieraus ergeben sich folgende Problemstellungen:

- Bislang mangelt es an Versuchen einer Synthese der verschiedenen polarisationstheoretischen Ansätze sowohl im Modellbereich als auch auf dem Gebiet der Erarbeitung praktikabler Analyseverfahren, die in Kombination miteinander anwendbar sind. Die angestrebte gleichzeitige Berücksichtigung relevanter Wachstumsdeterminanten in der Planung ist häufig nicht möglich, da diese als erklärende Variablen auf die jeweiligen Ansätze verteilt sind.

- Die Impulsgebung, -übertragung und -wirkung des Wachstums in einem Pol sind in der Vergangenheit nur partiell in der Empirie untersucht worden, wobei meist noch unterschiedliche Analyse- und Meßverfahren angewendet wurden. Zudem wurde oft ein Auseinanderfallen theoretischer und empirischer Ergebnisse beobachtet. Selten aber erfolgte eine Suche nach den Gründen dafür.

- Empirische Tests von polarisationstheoretischen Ansätzen und allen relevanten empirischen Analysemethoden - besonders im Hinblick auf Impulsgebung, -übertragung und -wirkung - sind in direktem Vergleich noch nicht durchgeführt worden. Erst die mit ein und derselben Datenmenge durchgeführte Überprüfung kann jedoch eine wissenschaftlich sinnvolle Aussage über die jeweiligen Anwendungsbereiche und Qualitäten der Ansätze resp. Modelle ermöglichen. Denn letztlich ist in Entwicklungsländern die praktische Verwendungsfähigkeit für eine Regional- und Wirtschaftsplanung in erster Linie gefragt.

Die vorliegende Arbeit setzt sich mit den genannten Problem-
kreisen auseinander.

Ziel der Arbeit ist also die Herausarbeitung praktikabler
Verfahren zur Bewertung bestehender oder zu schaffender
Wachstumspole im Rahmen einer Regional- und Wirtschaftsplanung in Entwicklungsländern. Dieses erfordert zunächst die
Identifikation der wirtschaftlichen Prozesse, die in und
um einen Pol ablaufen, und führt dann über die Selektion
von Verfahren und Modellen, welche in der Empirie anwendbar
und überprüfbar sind, hin zu der Diskussion ihrer empirischen Eignung anhand von Daten aus einem Entwicklungsland.
Erst dann lassen sich die Aussagekraft der gewonnenen
Ergebnisse ebenso wie die jeweilige "Benutzerfreundlichkeit" vergleichen. Die Zusammenfassung der verschiedenen
Anwendungsbereiche ermöglicht ein Bewertungsschema für die
Impulskraft eines Wachstumspols. Dieses wird auch empirisch
belegt.

Somit wird sich die vorliegende Arbeit nicht in einer
abstrakten Diskussion polarisationstheoretischer Ansätze und
empirischer Analysemethoden erschöpfen. Vielmehr werden
gezielt jene Modelle und Verfahren herausgearbeitet und in
einem Bewertungsschema zusammengestellt, die in der Praxis
für die Messung und Bewertung von Impulsgebung, -übertra-
gung und -wirkung von Wachstumspolen geeignet sind und für
die Anwendung und Instrumentalisierung im Rahmen von
Strategien für die Regional- und Wirtschaftspolitik in
Ländern der Dritten Welt zu empfehlen sind.

1.2.   Gang der Untersuchung

Die genannten Problemstellungen werden in drei Schritten
behandelt. Zunächst gilt es, die theoretische Eignung

empirischer Analysemethoden für eine Erfassung und Bewertung von Wachstumspolen herauszuarbeiten. Danach werden Städte in Botswana anhand der Methoden untersucht, um deren Anwendbarkeit zu überprüfen. Abschließend werden jene Analysemethoden katalogartig zusammengefaßt, die für die Erfassung und Bewertung der Impulskraft eines Wachstumspols geeignet sind.

Im ersten Abschnitt (Kap. 2.) werden die Grundgedanken des von PERROUX entwickelten Konzepts der Wachstumspole sowie die theoretischen Ansätze von MYRDAL und HIRSCHMAN zum polarisierten Wachstum kurz erläutert. Basierend auf der einen oder anderen Argumentation dieser drei Autoren sind nämlich alle weiteren sektoralen und regionalen Polarisationshypothesen resp. Wachstumspolmodelle entstanden. Auf der Grundlage dieser theoretischen Gedanken wird der wirtschaftliche Kreislauf in und um einen Pol in Form eines Interaktionsmodells aufgezeigt. So lassen sich die wesentlichen Parameter und Determinanten einzeln und in ihrem jeweiligen Wirkungsgefüge darstellen.[1] Anschließend wird eine Auswahl empirischer regionalwissenschaftlicher Analysemethoden getroffen, mit deren Hilfe sowohl Wachstumspole als solche erkannt, als auch die von ihnen ausgehende Impulsgebung, -übertragung und -wirkung erfaßt und bewertet werden können. Letztlich werden die jeweiligen Ansätze auch dahingehend diskutiert, inwieweit ihre empirische Überprüfung in Entwicklungsländern möglich ist.

In diesem Zusammenhang werden empirische Untersuchungen anderer Autoren danach ausgewertet, welche Methoden und mathematischen Berechnungsverfahren angewandt wurden. Somit läßt sich ein erster Indikator für ihre Praktikabili-

---

1) Vgl. M.K. BANDMAN, Industrial location and the optimization of territorial systems, in: J. HAMILTON (ed.), Contemporary Industrialization, New York 1978, S. 25 29.

tät gewinnen. Ferner können jene Vorgehensweisen herausgefiltert werden, die sich generell zu Planungszwecken in
Entwicklungsländern eignen.

Dieser Selektion schließt sich die Vorstellung eines
Schemas zur Bewertung der Impulskraft eines Wachstumspols
an. Verschiedene Aspekte werden hierin zusammengefaßt,
welche die Identifikation und Evaluierung von Impulsgebung,
-übertragung und -wirkung einer Stadt bzw. eines Wachstumspols ermöglichen.

Im nächsten Abschnitt (Kap. 3.) wird Botswana als "Daten-
spender" vorgestellt. Die in diesem Lande ausgewählten
Städte werden charakterisiert und insbesondere in ihrer
Einbindung in die regionale und nationale Wirtschaftsstruktur dargestellt. In einem kurzen Rückblick können Aufbau
und Entwicklung nachvollzogen werden. Dieser Schritt ist
dann von Bedeutung, wenn die tatsächliche Entwicklung mit
den über die Methoden gewonnenen Ergebnissen zu vergleichen
ist, wobei die Praktikabilität und das Maß der Qualität
empirischer Analysemethoden um so mehr steigt, je näher
die mit ihnen ermittelten Resultate an die Realität heran-
rücken. Jedoch soll nicht primär die Deckungsgleichheit
theoretischer und empirischer Ergebnisse angestrebt werden.
Vielmehr sollen die jeweiligen Einsatzgebiete der Methoden
abgegrenzt werden. Denn es ist eine Generalisierung zu
vermeiden, die möglicherweise spezifische Entwicklungen in
einer Stadt durch zu allgemein gefaßte Untersuchungsergeb-
nisse in ihrer Interpretation verfälschen könnte. Hierbei
liegt anschließend die Gefahr in einer entsprechend fehlge-
lenkten Planung. Gleichfalls wird in Kap. 3 das eigene
Bewertungsschema am Beispiel der Minenstadt Selebi-Phikwe
erläutert. Da es sich hier um eine neue Bewertungskonzep-
tion handelt, werden Diskussion und empirische Überprüfung
gemeinsam durchgeführt.

Ergebnis der Arbeit ist also die Auswahl optimaler und benutzerfreundlicher empirischer Analysemethoden, deren Umsetzung und Instrumentalisierung für Anwendungszwecke in Entwicklungsländern (insbesondere LLDCs) prädestiniert sind. Insofern ist vom Beispiel Botswana zu abstrahieren, wenn die abschließende Wertung (in Kap. 4) die allgemeine Anwendbarkeit der Methoden und des Bewertungsschemas festlegt.

2. ERFASSUNG UND BEWERTUNG VON WACHSTUMSPOLEN IN ENT-WICKLUNGSLÄNDERN

2.1.   Das Wachtsumspolkonzept im Rahmen der Wachstums-
        und Raumwirtschaftstheorie sowie der Regionalplanung

Die Notwendigkeit einer Theorie des regionalen Wachstums
ist bereits erkannt und diskutiert worden.[1] Dennoch
mangelt es bislang an einer in sich geschlossenen Theorie,
welche solche Faktoren in einem gegebenen Wirtschaftsraum
benennt, die in zeitlicher und/oder räumlicher Hinsicht
die unterschiedlichen Ausprägungen (Anwachsen oder Abfallen)
einer ökonomischen Maßgröße (z.B. Produktion, Einkommen,
Verbrauch etc.) erklären.[2] Ziel sind demnach sowohl die
Abgrenzung der Region wie auch die Messung ökonomischer
Aktivitäten.

SIEBERT fordert von einer regionalen Wachstumstheorie auch
die Klärung der Fragen, inwieweit wirtschaftliches Wachstum
in einer Region die wirtschaftliche Entwicklung - sei es
durch Übertragung von Wachstumsimpulsen, sei es durch Ent-
zug von Produktionsfaktoren - in einem anderen Gebiet bzw.
letztlich in der Gesamtwirtschaft beeinflußt, und welche
Mechanismen diesem Prozeß zugrundeliegen. Aus den Erkennt-
nissen der Analyse regionalen Wachstums wird in einem
nächsten Schritt für die Regionalpolitik die Umsetzung in
Planungsstrategien, - instrumente und nicht zuletzt auch

---

1) Als grundlegendes Werk siehe H.W. RICHARDSON, Regional Growth Theory, Bristol 1973.

2) Alle Modelle regionalen Wachstums enthalten auch Elemente makroökonomischer Wachs-
    tumstheorie, der Außenwirtschaftstheorie und der Standortlehre. Siehe hierzu R.
    KOLL, Regionales Wachstum, Diss. München 1979, S. 2 f.

in Erfolgskontrollen ermöglicht.[1]

Aus empirischen Beobachtungen schloß PERROUX, daß sich wirtschaftliches Wachstum nicht gleichmäßig im Raum vollzieht.[2] So weisen manche Zentren ein rapides Wachstum auf, während andere Gebiete sich kaum oder gar nicht entwickeln. Es findet sich also ein Ungleichgewicht, welches nicht gemäß den bekannten Gleichgewichtstheorien (Standortstrukturtheorie, neoklassische Wachstumstheorie und Harrod-Dormar-Modell) ausgeglichen wird. Vielmehr kann dieses Ungleichgewicht noch durch einen kumulativ wirkenden Entwicklungsprozeß bis hin zu einer sektoralen/regionalen Polarisation verstärkt werden. Solche sektoralen Wachstumspole bestehen dann aus jenen Schlüsselindustrien resp. Wachstumsbranchen, welche sich durch hohe Innovationskraft und Investitionsneigung auszeichnen. PERROUX nennt diese Unternehmen motorische Einheiten ('unités motrices')[3],

---

1) Wesentliche Elemente von SIEBERT's Theorie des regionalen Wirtschaftswachstums finden sich in den zu diskutierenden polarisationstheoretischen Ansätzen wieder. Diese sind seine Untersuchungen der interregionalen Mobilität von Produktionsfaktoren, Gütern und technischem Wissen, wie insbesondere auch die aus der Mobilität resultierende Existenz und Verschärfung regionaler Ungleichgewichte im Wirtschaftswachstum. Vgl. H. SIEBERT, Regionales Wirtschaftswachstum und interregionale Mobilität, Tübingen 1970, S. 5.

2) Vgl. D.F. DARWENT, Growth Poles and Growth Centers in Regional Planning, A Review, in: Environment Planning, Vol. 1 (1969), S. 5. PERROUX selbst sagt: "Le fait grossier mais solide est celui-ci: la croissance n'apparaît pas partout à la fois: elle se répond en des points ou des pôles de croissance avec des intensités variables; elle se répond par divers canaux et avec des effêts terminaux variable pour l'ensemble de l'économie". F. PERROUX, L'économie du XXe siècle, 3. Aufl., Paris 1969, S. 143. PERROUX betrachtet nur den wirtschaftlichen Raum, nachdem er den geographischen Raum als "banal" bezeichnet hatte und zu Beginn der fünfziger Jahre aus seinen weiteren Betrachtungen ausschloß. Eine weitere Einschränkung ergibt sich durch seine ausschließliche Untersuchung von Industrieländern, die eine hohe Bevölkerungsdichte und eine gute Infrastruktur aufweisen.

3) HIGGINS definiert in Anlehnung an PERROUX die 'propulsive industry': Unternehmen B ist 'propulsive' in Bezug zum Unternehmen A, wenn $I_A = f(I_B)$ und $\frac{\Delta I_A}{\Delta I_B} > 0$, wobei I_A die Investition des Unternehmens A und I_B die des Unternehmens B ist. Somit kann auch die Beziehung wie folgt geschrieben werden: $I_A = aI_B$ und $\Delta I_A = a\Delta I_B$; unter Berücksichtigung des zeitlichen Aspektes t ergibt sich, wenn a>1, dann ist $\frac{dI_A}{dt} \longrightarrow \frac{dI_B}{dt}$; siehe B. HIGGINS, Development Poles: Do they exist? in: économie appliquée, Vol. III (1977), S. 242 ff.

wenn sie folgende strukturelle Merkmale aufweisen:[1]

- Hoher Verflechtungsgrad (in Leistungen) mit anderen Unternehmen und Sektoren,

- starke Dominanz über andere Einheiten[2] und

- bedeutende Größe (quantitativ) bei überdurchschnittli-
  cher Wachstumsrate.

Der Verflechtungsgrad, bedingt auch der Grad an Dominanz,
lassen sich durch Vorwärts- und Rückkopplung bestimmen.
PERROUX definiert den wirtschaftlichen Raum als Kräftefeld,
in welchem sich nun im Wege der Agglomeration motorischer
Einheiten Wachstumspole ('pôles de croissance') bilden.
Sowohl von den Polen als auch den Einheiten selbst gehen
sogenannte Antriebs- und Bremseffekte ('effêts d'entraîne-
ments et effêts de stoppage ou freinage') aus.

Erstere erfolgen im Wege von (Ver-)Käufen, Preisvariationen,
Investitionen und Innovationen, während letztere durch
Engpässe auf Absatzmärkten sowie Export von technischem
Wissen resp. von Maschinen bewirkt werden.[3] Diese Effekte
können das Wachstum in den dominierten Einheiten sowohl
fördern als auch behindern.

PERROUX brachte das Konzept der Wachstumspole in die wissenschaftliche Diskussion über die Wachstumstheorie ein.

---

1) Vgl. D.F. DARWENT, a.a.O., S. 6 f., wobei er aber in einer abschließenden Zusammenfassung wertet: "None of this, however, is either precise or rigorous. Moreover it
   is oversimplified."

2) Dominanz kann wie folgt definiert werden: Ist die - in Geldeinheiten gemessene -
   Leistung an Waren und Gütern des Unternehmens A an Unternehmen B, gemessen am Gesamtoutput von A, größer als die Lieferungen von B an A, gemessen an dem Output von B,
   so wird A als dominant und B als abhängig bezeichnet. Vgl. D.F. DARWENT, a.a.O.,S.6.

3) Vgl. I. SCHILLING-KALETSCH, Wachstumspole und Wachstumszentren, Hamburg 1976, S.
   23; F. PERROUX, a.a.O., S. 262 f.

Somit sind seine Ausführungen zumeist Ausgangspunkt jeglicher Weiterentwicklung des Wachstumspolkonzeptes wie auch
der Untersuchung von Schlüsselindustrien in den Wachstumspolen. Die allgemeine Kritik an dem PERROUX'schen Gedankengut
setzt im wesentlichen an folgenden Punkten an:[1]

- Teilweise widersprüchliche und irreführende Begriffsdefinitionen erschweren das Verständnis.

- Durch die Ausklammerung des geographischen Raumes ent-
  fällt eine Aussage über den Standort der motorischen
  Einheiten und über die räumliche Ausbreitung der Anstoß-
  und Bremseffekte.

- Angaben über die Stärke der Anstoß- und Bremseffekte
  fehlen.

- Die Operationalisierung der Wachstumspolhypothese wird
  auf die Input-Output-Verfahren (Leontief-Typ) beschränkt.
  Demzufolge wird dem Anspruch auf die Dynamik des Wachstums keine Rechnung getragen, wie auch keine Aussage
  über den Ursprung, d.h. die Herkunft jener motorischen
  Einheiten , getroffen wird.[2]

---

1) Vgl. L. SCHÄTZL, Wirtschaftsgeographie 1, Theorie, Paderborn 1978; S. 126 f.;
   D.F. DARWENT, a.a.O., S. 7 f.; F. BUTTLER; a.a.O., S. 67; I. SCHILLING-KALETSCH;
   a.a.O., S. 25 f.; M.J. MOSELEY, Growth Centres in Regional Planning, in: Urban
   and Regional Planning Series, Vol. 9 (1974), S. 6; eine knappe und doch detaillierte Kritik bringt J.R. LASUEN, in: N.M. HANSEN (ed.), Growth Centres in Regional
   Economic Development, New York 1972, S. 23 f.

2) Vgl. D. TODD, An Appraisal of the Development Pole Concept in Regional Analysis,
   in: Environment and Planning, Vol. 6 (1974), S. 293. Besonders die sogenannte
   französische Schule hat sich bei der Umsetzung und Überprüfung des Wachstumspolkonzeptes in der Empirie gleichfalls auf die Input-Output-Analyseverfahren beschränkt
   und somit zu einer Verarmung beigetragen, indem der innovatorische Aspekt - insbesondere der zentrifugalen Kräfte, also der Diffusion von Wachstum weg vom Pol, -nicht
   betrachtet wurde. Siehe hierzu J.R. LASUEN, a.a.O., S. 24 ff. sowie I. SCHILLING-
   KALETSCH, a.a.O., S. 52 f.

- Migrationsbewegungen von Arbeitskräften sowie Verlagerungen von Angebot und Nachfrage werden nicht betrachtet.

Das Konzept sektoraler Wachstumspole wurde zur Erklärung ungleichgewichtigen Wachstums entwickelt.[1] Es ist durch die jeweiligen Polarisationshypothesen von MYRDAL und HIRSCHMAN um die regionale Komponente erweitert worden. Beide Autoren gehen von regionalen Einkommensunterschieden (absolut wie auch pro Kopf) aus.[2]

MYRDAL stellt hierzu die Hypothese der räumlichen Verursachung eines kumulativen, sozioökonomischen Prozesses auf. Wesentlich ist dabei die räumliche Interaktion zwischen Wachstumszentren und zurückgebliebenen Regionen. Wirtschaftliches Wachstum in einer Region wird unterstützt durch den Zustrom mobiler Produktionsfaktoren wie Kapital, Güter und Arbeit.[3]

Dieser Zustrom zum Zentrum führt zu Entzugseffekten ('backwash effects') in den übrigen Gebieten, da die höhere Kapitalrendite sowie günstigere Arbeits- und Einkommensverhältnisse zu dem Abfluß privaten Sparkapitals und zu einer Abwanderung von ausgebildeten Arbeitskräften aus diesen Regionen führen. Als positive Ausbreitungseffekte ('spread effects') sieht MYRDAL die Impulswirkungen von Innovationen, die vom Wachstumspol auf andere Regionen ausgehen, sowie die Nachfrage des Zentrums nach Gütern überwiegend agrarischer und mineralischer Natur und nach Dienstleistungen

---

1) Siehe die eingehenden Ausführungen zu den Strategiekonzepten des 'unbalanced growth' bei V. TIMMERMANN, Entwicklungstheorie und Entwicklungspolitik, Göttingen 1982, S. 182-191.

2) Vgl. E. MOODY, Growth Centres in Lesotho, Pretoria 1975, S. 24.

3) Vgl. M. BOHNET, Die Entwicklungstheorien - Ein Überblick, in: M. BOHNET (Hrsg.), Das Nord-Süd-Problem, Konflikte zwischen Industrie- und Entwicklungsländern, München 1974, S. 53.

zumeist aus dem regionalen Umfeld, welche zu einem Wirt-
schaftswachstum in den zurückgebliebenen Regionen führen.
Wirtschaftliches Breitenwachstum in einem Land kann in dem
Maße erfolgen, wie die positiven Ausbreitungseffekte die
Entzugseffekte überkompensieren.

Während MYRDAL das Modell der zirkulär kumulativen Verursachung zur Erklärung wirtschaftlichen Wachstums entwickelt,
definiert HIRSCHMAN dieses als Kette von sektoralen Un-
gleichgewichten.[1] Im Wege der Interaktion ('linkage')
werden Wachstumsimpulse von Schlüsselindustrien bzw.
-branchen auf andere Unternehmen und Wirtschaftsbereiche
ausgestrahlt. Zur Erklärung der vom Wachstumspol ausgehenden Kräfte bezeichnet HIRSCHMAN den 'growing point' resp.
die Wachstumsregion als Norden und die 'lagging regions'
als Süden. Den von Nord nach Süd wandernden positiven
Sickereffekten ('trickling down effects') wirken die
negativen Polarisationseffekte ('polarisation effects')
entgegen. Sie entsprechen den 'spread and backwash effects'
von MYRDAL.[2]

Im Gegensatz zu MYRDAL sieht HIRSCHMAN am Ende des Entwick-
lungsprozesses wiederum ein räumliches Gleichgewicht
hergestellt. Mit Beginn des Wachstums wird ein Ungleichgewicht zwischen den Regionen auftreten, wobei die negativen
Polarisationseffekte überwiegen. Das zunehmende räumliche
Ungleichgewicht wird Gegenkräfte (insbesondere eine staatliche Wirtschaftspolitik) hervorrufen, die letztlich zu

---

1) Vgl. L. SCHÄTZL, Wirtschaftsgeographie 1, a.a.O., S. 130; A.O. HIRSCHMAN, Interregional and International Transmission of Economic Growth, in: J. FRIEDMANN und W. ALONSO
(eds.), RegionalDevelopment and Planning, A Reader., 5. Aufl., Massachusetts 1972,S.624ff.

2) Vgl. D.F. DARWENT, a.a.O., S. 15; eine kritische Auseinandersetzung von HIRSCHMAN
selbst mit den Gedanken MYRDAL's ist in einer ausführlichen Fußnote nachzulesen bei
A.O. HIRSCHMAN, a.a.O., S. 627.

einem Abbau der regionalen Einkommensunterschiede führen.[1]
Beide Autoren bringen jedoch keine vollständige Formalisierung ihrer Modelle.[2]   Allerdings sind die Gedanken MYRDAL's zu der zirkulär kumulativen Verursachung wesentliche Bausteine für das im nächsten Abschnitt zu entwickelnde Interaktionsmodell eines Wachstumspols.

Eine Kategorisierung der Polarisationseffekte hat PAELINCK vorgenommen, indem er sie in technische Polarisierung, Polarisierung des Einkommens, psychologische Polarisation und in die geographische Polarisation einteilte.[3]   Die sich von einer solchen Agglomeration, d.h. räumlichen Ballung, ausbreitenden Impulse werden nicht betrachtet. Daher kann dieser Ansatz keinen Eingang in die weiteren Untersuchungen finden.

Es war BOUDEVILLE, welcher als erster den Wachstumspol als eine Agglomeration von motorischen Einheiten an einem geographischen Ort lokalisierte. Die Region ist demnach polarisiert, wobei das Zentrum resp. der Pol mit dem Umfeld funktional verflochten ist. Wachstumsimpulse werden vom Pol auf die Satellitenstädte und weiter auf die sie umgebenden Orte übertragen[4]   (siehe Abb. 1).

---

1) Vgl. E. MOODY, a.a.O., S. 25.

2) Eine knappe Darstellung beider Modelle findet sich bei N.M. HANSEN, Development from Above: The Centre-Down Development Paradigm, in: W.B. STÖHR, D.R.F. TAYLOR (eds.), Development from Above or Below?, New Delhi and USA 1981, S. 15-38.

3) Vgl. J. PAELINCK, La théorie du developpement régional polarisé, in: Cahier de l'I.S.E.A., No. 159 (März 1965), S. 547; als Vertreter der französischen Schule klammert PAELINCK die Standortfrage gemäß PERROUX aus. Daher bietet seine Kategorisierung keinen Ansatz zur Instrumentalisierung des Wachstumspolkonzeptes für die Regionalplanung. Vgl. hierzu I. SCHILLING-KALETSCH, a.a.O., S. 51.

4) Die Wachstumsimpulse aussendenden Zentren nennt BOUDEVILLE Entwicklungspole, während die Empfangsstädte als Wachstumspole bezeichnet werden. Vgl. J.-R. BOUDEVILLE, Problems of Regional Economic Planning, Edinburgh (USA) 1966, S. 143.

Abb. 1: HIERARCHISCHE ORDNUNG VON STÄDTEN, GEBILDET DURCH DIE STUFENWEISE AUSBREITUNG VON WACHSTUMSIMPULSEN

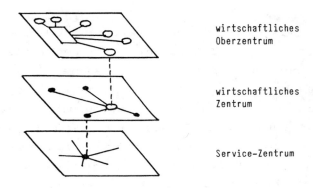

wirtschaftliches
Oberzentrum

wirtschaftliches
Zentrum

Service-Zentrum

Quelle: R.P. MISRA und K.V. SUNDARAM, Growth Foci as Instruments of Modernisation in India, in: A. KUKLINSKI (ed.), Regional Policies in Nigeria, India and Brazil, Den Haag 1978, S. 108.

Damit bildet sich eine hierarchische Ordnung von Städten innerhalb der polarisierten Region aus. [1] Für die empirische Überprüfung seiner Thesen erfaßt BOUDEVILLE die Verflechtungsbeziehungen anhand von Güterströmen, Verkehrs- und Informationsflüssen. [2] Mittels der Gravitationsmodelle wird die räumliche Ausdehnung von Impulswirkungen bestimmt, um so Einflußsphären der Pole zu charakterisieren.

---

1) Vgl. J.-R. BOUDEVILLE, a.a.O., S. 10. Siehe auch S.M. KIMANI, D.R.F. TAYLOR, The Role of Growth Centres in Rural Development, II. Conclusions and Remarks, Working Paper No. 117, in: INSTITUTE FOR DEVELOPMENT STUDIES (ed.), University of Nairobi, Nairobi 1977, S. 3.

2) BOUDEVILLE selbst versuchte den Einfluß von Stahlschmelzen auf die Wirtschaftsentwicklung der Region Minas Gerais, Brasilien, zu messen. D.F. DARWENT, a.a.O., S. 13 weist auf die mangelnde Trennung in der Erfassung von Agglomerations- und Polarisationseffekten hin, da es nicht möglich sei, kausale Beziehungen aus Korrelations- und Regressionsanalysen herzuleiten.

Somit wird auf die Theorie der Zentralen Orte (CHRISTALLER
und LÖSCH) zurückgegriffen, indem zentralörtliche Funktionen mittels des Potentialmodells in ihrem räumlichen Einfluß ermittelt werden, und damit die polarisierte Region
abgegrenzt werden kann.[1)]

In der wissenschaftlichen Weiterentwicklung des Wachstumspolkonzeptes als Erklärung räumlichen Wirtschaftswachstums
wurde der Pol nicht als eine Ansammlung impulsgebender
motorischer Einheiten oder Schlüsselindustrien verstanden,
sondern es ist nun der geographische Punkt selbst, von
welchem Impuls- und Agglomerationseffekte ausgehen. Diesem
Gedanken folgt auch das Zentrum-Peripherie-Modell, welches
zunächst von PREBISCH als ein ZWEI-Regionen- und Zwei-Sekto-
ren-Modell entwickelt wurde.[2)] Zentrum sind die Industrie-
länder; die Entwicklungsländer werden als Peripherie
eingestuft. Zentrum und Peripherie zeichnen sich durch
Unterschiede in den Einkommenselastizitäten aus. In den

---

1) Kritische Bemerkungen hierzu finden sich bei I. SCHILLING-KALETSCH, a.a.O., S. 70-75;
F. BUTTLER, a.a.O., S. 67, 84, 99 ff. sowie D.F. DARWENT, a.a.O., S. 13 f. H.W. RI-
CHARDSON,Regional Growth Theory, a.a.O., S. 79 weist auf die statische Natur der Zentrale-Orte-Theorie hin und stellt in Frage, ob eine Anwendung auf die Charakterisie-
rung dynamischer Wachstumspole durchgeführt werden kann.

2) D. FAIR; Spatial Frameworks for Development, Cape Town 1982, S. 11, faßt die wesentlichen Aussagen des Modells wie folgt zusammen: "The pattern of economic activity
is inherently uneven. The polarisation process ... gives rise to a pattern compris-
ing a core or centre and a periphery of hinterland. An important feature of the
structure is that the centre tends to dominate the periphery in most economic,
political and social respects ... i.e. a dominance-dependance relationship. The dynamics of the relationship between the core and the periphery are expressed in two
major flows of resources and transactions (either ... in form of spread effects or
... of backwash or polarization effects). Development in a spatial system can be
achieved by the diffusion of spread effects from the more to the less developed
parts." Diese Aussagen decken sich weitgehend mit den Kernthesen, die SCHÄTZL allen Zentrum-Peripherie-Modellen zugrundelegt, wobei er explizit auf die Geschlossen-
heit des Systems - gebildet durch Zentrum und Peripherie - hinweist. Vgl. L.
SCHÄTZL, Wirtschaftsgeographie 1, a.a.O., S. 147.

'Terms of Trade' verschlechtert sich die Lage der Peripherie gegenüber dem Zentrum im Laufe der Zeit.[1]

FRIEDMANN spricht gleichfalls von den 'backwash effects'
(Polarisation von Investitionen, Attraktion von Arbeitskräften) des Zentrums, von denen die Peripherie beeinflußt
wird.[2] Dennoch sieht er im Wege struktureller Veränderungen die Möglichkeit der Wandlung von peripheren Regionen
in Zentren. Dieser Prozeß führt dann hin zu einer Dezentralisierung wirtschaftlichen Wachstums.[3] In diesem Zusammenhang hat er die Begriffe 'territorial' (u.a. auf Polarisation gerichtet) und 'functional' (nach Abkopplung und
Dezentralisierung) als Strukturelemente des Raumes geprägt.
Ein Ausgleich regionaler Ungleichgewichte kann demzufolge
nur über eine stärkere Betonung des territorialen Prinzips
bewirkt werden.[4] Hier findet sich ein erklärtes Ziel der
Wachstumspolstrategie in Entwicklungsländern. Positive
Impulswirkungen im Umland fördern dessen wirtschaftliche
Entwicklung, die letztlich zu einem Breitenwachstum in der
Region führt. Diese Betrachtungsweise setzt jedoch die
Existenz eines intakten Wirtschaftskreislaufes im Umland

---

1) L. SCHÄTZL, Wirtschaftsgeographie 1, a.a.O., S. 144, hält dagegen, daß es bislang
   nicht gelungen ist, die Kernthese, daß der Marktmechanismus die 'Terms of Trade'
   der Entwicklungsländer tatsächlich (säkular) verschlechtert, wissenschaftlich un-
   zweifelhaft nachzuweisen. Vgl. auch H. SIEBERT, welcher jedoch von einem Zwei-Regio-
   nen-Modell ausgeht. Veränderungen der 'Terms of Trade' (definiert als relativer
   Austauschpreis des Export- und Importgutes) sind Ergebnis von Expansionsimpulsen.

2) Siehe die Stufentheorie regionaler Entwicklung von FRIEDMANN in der Diskussion bei
   L. SCHÄTZL, Wirtschaftsgeographie 1, a.a.O., S. 121 ff. und bei T.J.D. FAIR, a.a.O.,
   S. 12 ff.

3) In seiner Untersuchung spanischer Wachstumspole strebt BUTTLER diese Entwicklung
   als "Dezentrale Konzentration" mittels einer polarisationsorientierten Entwicklungs-
   strategie an. Vgl. F. BUTTLER, a.a.O., S. 258 ff.

4) Vgl. J. FRIEDMANN und C. WEAVER, Territory and Function, London 1979, S. 21 ff.

voraus. Die dafür notwendigen Investitionen lösen auch innovative Prozesse aus. Dies widerspricht allerdings der Aussage von FRIEDMANN, wonach das Zentrum als alleiniger Generator von Innovationen zu sehen ist.[1] Seine Gedanken der Dezentralisierung wirtschaftlichen Wachstums finden in dem an späterer Stelle vorgestellten Interaktionsmodell Eingang.

LASUEN unterstellt in seinem Modell gleichfalls eine generelle Polarisationstendenz. In dem Theoriengebäude sind neben anderen auch Elemente der Zentrum-Peripherie-Modelle, der Sektor-Theorie sowie auch der Zentrale-Orte-Theorie eingebaut.[2] LASUEN definiert den regional/sektoralen Wachstumspol wie folgt:[3]

> "A growth pole is a large group of industries strongly related through their input output linkages around a leading industry and clustered geographically. The leading industry itself and (through its inducement) the whole group innovates and grows at a faster pace than the industries external to the pole."

Der Erfolg der Innovationsausbreitung vom Zentrum zur Peripherie wird durch die Adaptionsfähigkeit letzterer bestimmt. Der Abbau von Adaptionshemmnissen und -risiken ist denn auch das Ziel einer Regionalplanung. Da im allgemeinen Unternehmen Innovationen sowohl generieren als auch adaptieren, sind diese vornehmlich Ansatzpunkte einer regionalen Wirtschaftspolitik.[4] Dabei darf nach FRIEDMANN

---

1) Vgl. T.J.D. FAIR, Spatial Frameworks for Development, a.a.O., S.18.

2) Vgl. J. R. LASUEN, a.a.O., S. 21 ff. Eine graphische Darstellung des "Prinzips der zirkulären Verursachung' nach LASUEN bringt Th. RAUCH, Das nigerianische Industrialisierungsmuster und seine Implikationen für die Entwicklung peripherer Räume, Hamburg 1981, S. 81. F. BUTTLER, a.a.O., S. 99, sieht bei LASUEN bezüglich der regionalen Polarisation den Zusammenhang zwischen polarisierter Entwicklung, Stadtgröße und Städtestruktur.

3) Vgl. J.R. LASUEN, unveröffentlichtes Manuskript, Madrid 1971, zitiert in: F. BUTTLER, a.a.O., S. 58.

4) Vgl. Th. RAUCH, a.a.O., S. 84; J.R. LASUEN, a.a.O., S. 186 f.

und LASUEN nicht die Bedeutung der städtischen Siedlungsstruktur für die Entstehung regionaler Polarisation ver-
kannt werden.[1)]

Die bislang aufgezeigten Modelle sind, geographisch gesehen,
alle fokaler Natur. Von einem Pol ausgehend verbreiten
sich Wachstumsimpulse - häufig in Wellen - kreisförmig.
POTTIER untersucht die Infrastruktur als Träger für die
entsprechenden Ausbreitungseffekte.[2)] Diese sind zumeist
die Transportverbindungen zwischen einzelnen Polen (z.B.
Straßen, Eisenbahnlinien, Wasserstraßen sowie Energie- und
Wasserleitungen). So kommt es zu einem achsialen Modell.
Die zu behandelnden Fragestellungen beziehen sich auf
Richtung und Beschaffenheit der Achsen; wie weit, schnell
und vollständig leiten sie Impulse weiter? Die Bedeutung
der Infrastruktur in POTTIER's Modell ist in der Vergangenheit besonders für Entwicklungsländer stark in die Regionalplanung einbezogen worden, zumal die datenmäßige Erfassung
und Bewertung stets gegeben ist. Transportfunktionen sind
auch deshalb häufig eine Variable resp. mathematische
Größe für Berechnungen nach empirischen Analysemethoden.
Der Parameter "Infrastruktur" ist daher ein wesentlicher
Bestandteil in der Bewertung von Impulsübertragungen.

Wachstumspolstrategie ist eine direkte Umsetzung des theoretischen Gedankengutes zum Zwecke einer räumlichen Entwicklung mit der Aufgabe, den Diffusionsprozeß positiver
Impulse und die Minimierung negativer Polarisationseffekte

1) Vgl. F. BUTTLER; a.a.O., S. 98.

2) Eine kritische Würdigung findet sich bei I. SCHILLING-KALETSCH, a.a.O., S. 106-111.
    H.W. RICHARDSON, Regional Growth Theory, a.a.O., S. 82 f. weist darauf hin, daß
    besonders an Kreuzungen solcher Achsen selbst neue Wachstumspole (resp. Entwick-
    lungspunkte) entstehen können.

mittels einer Dezentralisierung wirtschaftlicher Aktivitäten zu fördern. Diese Strategie ist insbesondere in den Entwicklungsländern mit folgender Zielrichtung durchgeführt worden:[1]

- Schaffung von neuen Polen in unterentwickelten, aber rohstoffreichen Regionen (z.B. Selebi-Phikwe in Botswana),

- Einrichtung neuer Zentren in zurückgebliebenen oder unterentwickelten Gebieten (z.B. Brasilia in Brasilien) und

- Entwicklung von Satellitenstädten an den Stadträndern einer Metropole (z.B. Stadtgebilde um São Paulo in Brasilien).

MISRA macht den Erfolg einer Wachstumspolstrategie davon abhängig, inwieweit sie an der nationalen Städtehierarchie ausgerichtet ist.[2] Er schlägt eine Gliederung in vier Klassen vor, um eine räumliche Ordnung aller menschlichen Aktivitäten einzuführen und kommt zu folgender Typologie:[3]

---

1) Vgl. W.B. STÖHR, Raumplanung in unterentwickelten und in entwickelten Ländern, in: DAS STADTBAUAMT DER STADT WIEN (Hrsg.), Beiträge zu Problemen der Raumordnung, Wien 1974, S. 327.

2) Neben den genannten Wachstumspoltheoretikern vertritt HERMANSEN eine ähnliche These wie MISRA. HERMANSEN beschreibt die Entwicklung des Wirtschaftswachstums als die Einführung und Diffusion von Innovationsschüben, die von zentralen Orten über städtische Zentren bis zu deren ländlichem Umfeld reichen (vgl. Abb. 1). Es findet sich also auch hier eine Hierarchie. Siehe T. HERMANSEN, Spatial organisation and economic development, in: A. KUKLINSKI (ed.), Regional disaggregation of National Policies and Plans, Vol. 8, Ungarn 1975, S. 377 ff.; R.P. MISRA, Regional Planning in Iran: Problems and Prospects, in: R.P. MISRA, D.V. URS, V.K. NATRAJ, (ed.), Regional Planning and National Development, Neu Delhi 1978, S. 176 ff.

3) Vgl. R.P. MISRA, Growth poles and growth centres in the context of India's urban and regional development problems, o.O. o. Jg., S. 155 ff., 166 f.

1. 'Service centres' auf lokaler Ebene ('local level') in meist ländlichen Gebieten. Sie generieren keine Wachstumsimpulse.

2. 'Growth points' auf subregionaler Ebene ('microregional level') dienen für jeweils ca. 10-20 'Service centres' und haben zumeist gemischte primäre, sekundäre und tertiäre Produktionssektoren.

3. 'Growth centres' auf regionaler Ebene ('mesoregional level') dienen für jeweils ca 5-10 'Growth points'. Sie sind sowohl innovativ als auch 'propulsive', wobei das Verarbeitende Gewerbe dominiert.

4. 'Growth poles' auf nationaler Ebene ('macroregional level') mit überwiegendem Dienstleistungssektor (vor dem Verarbeitenden Gewerbe).

An der Darstellung der Hierarchie MISRA's wird deutlich, welche Bedeutung der Zentralitätsgrad einer Stadt haben kann,[1] aber auch welche unterschiedliche Interpretation der Begriff Wachstumspol erfahren kann.

Diese begriffliche Konfusion um die Formen regional polarisierten Wachstums zieht sich durch die gesamte Literatur zur Wachstumstheorie und Regionalplanung. Wenn daher in den folgenden Untersuchungen der Modelle zur empirisch überprüften oder noch zu überprüfenden Bewertung ihrer Impulse und Ausstrahlungen der Begriff Wachstumspol verwendet wird, dann synonym für die meisten Begriffsdefinitionen anderer Autoren. Allerdings ist im Einzelfall anhand des Modelles zu diskutieren, ob man überhaupt ein Wachstum an

---

1) Für sein Anwendungsgebiet Indien hat MISRA folgende Einwohnerzahlen genannt: ad 1. 5 000-10 000, ad.2. 10 000-50 000, ad 3. 50 000-500 000 und ad 4. 500 000-2 500 000. Vgl. R.P. MISRA, Growth poles and growth centres ..., a.a.O., S. 147.

dem betrachteten Ort findet, von welchen dann Ausbreitungseffekte auf das unmittelbare Umland, andere Städte und auf
die nationale Gesamtwirtschaft wirken.

THOMAN faßt stichpunktartig die umfassend und am häufigsten
behandelten Aspekte des Wachstumspolkonzeptes zusammen:[1]

- Funktionen von Wachstumspolen, wobei sie eher im abstrakten denn im geographischen Raum untersucht werden,

- gleichgewichtiges und ungleichgewichtiges Wachstum,

- Wachstumspole sowohl als Generator wie auch als Überträ-
  ger von Wachstumsimpulsen,

- die Überlebensfähigkeit des Wachstumspolkonzeptes:
  Existieren solche Pole tatsächlich, sei es theoretisch,
  sei es pragmatisch,

- die Möglichkeit, daß sich Wachstumspole als Attraktions-
  zentrum darstellen, welche die Region eher schwächen
  als fördern,

- die optimale Ober- und Untergrenze von Wachstumspolen,

- die unterschiedlichen Funktionen von Wachstumspolen in
  Ländern und Wirtschaften, die unterschiedliche Entwick-
  lungsstadien und -intensitäten durchlaufen und

- die Verbindung von Wachstumspoltheorien zu anderen
  Theorien einschließlich der Theorie der Zentralen
  Orte der 'basic-non basic'-Theorie, der Außenwirt-
  schaftstheorie und der Standorttheorie.

---

1) Siehe R.S. THOMAN, Growth Point Theory and Regional Planning, in: R.P. MISRA, D.V.
   URS, V.K. NATRAJ (ed.), Regional Planning and National Development, Neu Delhi
   1978, S. 245 f. (in einer freien Übersetzung der Verfasserin).

Die Behandlung dieser Themenkreise läßt für RICHARDSON jedoch noch Fragen offen. So fehlen eine geschlossene Aufstellung der Elemente bzw. deren Kombinationen, die einen Wachstumspol formen, ebenso wie ein dynamisches Wachstumspolmodell, welches auf alle Situationen anwendbar ist (kann der gleiche Typ und die gleiche Größe von Wachstumspolen erfolgreich in allen Situationen geplant und entwickelt werden?). Darüber hinaus führt er noch die Unsicherheit in der Datenversorgung aus Entwicklungsländern an.[1]

HIGGINS konzentriert sich bei der Umsetzung des theoretischen Gedankengutes in eine Wachstumspolitik auf zwei Fragen:[2]

- Welche Arten von Unternehmen des Verarbeitenden Gewerbes und des Dienstleistungsgewerbes in Städten unterschiedlichen Typs und unterschiedlicher Größe können in zurückgebliebenen Regionen angesiedelt werden, und wie hoch sind die erforderlichen Nettokosten für Investitionen in Infrastrukturmaßnahmen, Subventionen oder ineffiziente Aktivitäten?

- Welcher Art und welchen Umfanges wird der 'impact' auf Beschäftigung, Einkommen, Einkommensverteilung etc. innerhalb und außerhalb der Region sein?

Die zu beantwortenden Fragestellungen könnten somit auch lauten:

---

1) Vgl. H.W. RICHARDSON, Regional Growth Theory, a.a.O., S. 85 f.

2) Vgl. B. HIGGINS, a.a.O., S. 256. HIGGINS formalisiert die Gedanken von PERROUX in Form von Definitionen resp. Gleichungen. Die Investition ist Maßgröße für den Impuls.

- Was sind die Schlüsselvariablen, die als Steuerungsin-
  strumente angewandt und benutzt werden sollen,

- welche Interaktionen ('constraints') bestehen bei ihrer
  Anwendung, und wie hoch ist der jeweilige Zielerreichungsgrad sowie

- welche Arten von 'incentives' und 'means' können für
  die praktische Anwendung (Implementierung) eingesetzt
  werden?

Für die Schlüsselvariablen bietet HERMANSEN folgende
Gliederung an, wie sie auch in einer Regionalplanung verwendet werden könnte:[1]

- Standorte für zu schaffende öffentliche Einrichtungen,

- Veränderungen im politischen /verwaltungstechnischen Ent-
  scheidungssystem,

- Standorte für zu schaffende, nicht zentralörtliche
  Aktivitäten[2] und

- Form und Qualität des Verkehrs- und Kommunikationsnetzes.

Hierin sind allerdings regionale und geographische Struktu-
ren (z.B. inter- und intraregionale Zugänglichkeit, mensch-
liche und natürliche Ressourcenverteilung etc.) nicht berücksichtigt.

Im Rahmen des Wachstumspolkonzeptes sind die vom Pol
ausgehenden Impulse charakterisiert und teilweise auch mit
ihren jeweiligen Wirkungen beschrieben sowie auch die Trä-

---

1) Vgl. T. HERMANSEN, Spatial organisation and economic development, a.a.O., S. 356
   (in einer freien Übersetzung der Verfasserin). Siehe ferner die Bemerkungen von N.M.
   HANSEN, a.a.O., S. 584, 586, zu der Implementierung einer Wachstumspolstrategie.
   Siehe ferner die Ausführungen bei P.P. WALLER; Ansätze und Elemente einer grundbe-
   dürfnisorientierten Regionalplanung in Entwicklungsländern, Berlin o.Jg. (unveröffentlichtes Manuskript), S. 14 ff.
2) Ausgenommen die der nicht verlagerbaren Märkte wie die der Landwirtschaft.

ger für die Ausbreitungseffekte untersucht werden, wie sie von den einzelnen Autoren dargestellt werden.

In Entwicklungsländern wird die Regional- und Wirtschaftspolitik nach wie vor durch einzelne - zumeist theoretische - Ansätze des Wachstumspolkonzeptes geprägt. Dieses führt nicht selten zur Förderung bestehender und zum Aufbau neuer Orte und Städte, denen durch ein entsprechendes Förderungsinstrumentarium jene Eigenschaften vermittelt werden sollen, die letztlich Impulse für das regionale und nationale Wirtschaftswachstum geben können. Allerdings wurde in der Vergangenheit eine derartig theoretisch ausgerichtete Wachstumspolstrategie mit verschiedenen Problemen konfrontiert. So traten beispielsweise die aus der Theorie abgeleiteten 'spread and backwash effects' dann in der Regel nur partiell oder gar nicht auf. Auch wurde der Pol so gut wie nie in seinem sozioökonomischen Wirkungsgefüge gesehen. Besonders letzteres führte in der Planung oft zu gravierenden Fehlentscheidungen.

Ungeachtet der offenkundigen Schwachpunkte in den Einzeldarstellungen des Wachstumspolkonzeptes sind solche Aspekte weiterzuverfolgen, die sich auf die Impulsfunktion des Pols beziehen, wobei schwerpunktmäßig folgende Fragestellungen behandelt werden:
- Wie und durch wen werden 'spread and backwash effects' ausgelöst, und wie läßt sich diese Impulsgebung erfassen und bewerten,
- wie können die entsprechenden Impulsträger untersucht werden;
- wie lassen sich die 'spread and backwash effects' insbesondere in Form positiver Impulswirkungen erfassen und bewerten?

Diese Fragen können mit Hilfe von Methoden der empirischen Regionalforschung beantwortet werden.[1]

2.2. Empirische Analysemethoden für räumliche Wirtschafts-beziehungen und räumliches Wirtschaftswachstum

Die aufgezeigte Entwicklung des Wachstumspolkonzeptes vermittelt lediglich theoretische Erkenntnisse und Erklärungsansätze eines regional polarisierten Wirtschaftswachstums. Daraus abgeleitet werden mögliche, vom Pol ausgehende Impulse und deren räumliche Ausstrahlung diskutiert, wobei in wenigen Fällen auch Determinanten (resp. Maßgrößen) genannt werden. Hierin liegt eine wesentliche Ursache für die spärlichen empirischen Beweisführungen. So ist denn auch die These der wellenartigen Ausbreitung von Innovationen i n Ermangelung einer wissenschaftlich haltbaren Quantifizierung bislang nicht zufriedenstellend belegt worden. In den vergleichsweise wenigen Untersuchungen sind zudem keine vollständigen Aufstellungen von wesentlichen Wachstumsdeterminanten, also von möglichen, Impulse aussendenden Wachstumsträgern, gegeben. Damit ist die Frage nach Impulsgebung, -übertragung und letztlich -wirkung in keiner Weise zusammenhängend beantwortet. Auch aus diesem Grunde ist eine genaue Untersuchung jener Faktoren und Ströme erforderlich, die in einem Wachstumspol die wirtschaftliche Entwicklung tragen. Von diesem wirtschaftlichen Wachstumsprozeß sind dann positive Impulse auf das Umland, andere Pole (Städte) sowie die Gesamtwirtschaft resp. den Staat zu erwarten.[2]

---

1) Vgl. P. TREUNER, Fragestellungen der empirischen Regionalforschung, in: Akademie für Raumforschung und Landesplanung (Hrsg.), Methoden der empirischen Regionalforschung (1. Teil), Bd. 87, Hannover 1973, S. 3 f.; M.E.STREIT, Probleme regionalpolitischer Diagnose und Projektion, in: Institut für Wirtschaftswissenschaften der Technischen Universität Berlin, Diskussionspapier 1, Berlin 1970, S. 3 ff. und 12 ff.
2) Der Schwerpunkt der folgenden Untersuchungen liegt auf der Analyse der 'spread effects' und weniger auf der der 'backwash effects'.

2.2.1.   Interaktionsmodell eines Wachstumspols

Zur Erleichterung des Verständnisses für das genannte Wirkungsgefüge wird das nachstehende "Interaktionsmodell" entwickelt, das der Darstellung der Zusammenhänge und Abläufe in Form eines Fluß- bzw. Kreislaufdiagrammes dient. Die Vorteile dieses Modells liegen in:[1]

- Der Möglichkeit der Isolierung einzelner Kreisläufe,

- der Erfassung und Lokalisierung von Pendelbewegungen und Transfers (Personen, Kapital, Güter und 'Innovation'),

- einer Lokalisierung und Bewertung der Faktoren und Effekte hinsichtlich "wachstumsfördernd" und "wachstumshemmend" sowie

- der Kategorisierung der Faktoren und Effekte in "Impulsauslösung", "Impulsübertragung" und "Impulswirkung".

Mithin erweist sich das Interaktionsschema als Grundlage einer Verknüpfung von Gedanken des theoretischen Wachstumspolkonzeptes mit solchen der methodischen Erfassung und Bewertung von Impulsen eines Wachstumspols (s.Diagramm 1).

---

1) Siehe hierzu die verschiedenen Ansätze von: D.N. NTHOYIWA, Population Distribution and its Implications for Socio-economic Development in Botswana, Gaborone 1981, S. XVI; E. SÖKER, Das Regionalisierungskonzept, Diss. Hamburg 1977, S. 159; J.G. ANOVEROS, Simulación de un modelo de desarrollo global para la Cuenca del Guadalquivir, in: économie appliquée, Tome XXVIII (1975), Nr. 2-3, S. 512; A. PRED, The Location of Economic Activity since the Early Nineteenth Century: A City-systems Perspective, in: OHLIN/HESSELBORN/WIJKMAN (eds.), The International Allocation of Economic Activity, London 1977, S. 133. A. FLEISHER; J. HARRIS; L. RODWIN, A Proposed Approach to the Development of a Simulation Model for Evaluating Urban Growth Strategies, in: économie appliquée, Tomé XXVIII (1975), No. 1, S. 207.

Zunächst wird die wirtschaftlich-geographische Aufteilung der Impulse ersichtlich, und zwar:

- innerhalb des Pols,
- auf das Umland,
- auf andere Wachstumspole resp. Städte und
- auf die Gesamtwirtschaft und den Staat.

Sowohl zentrifugale wie auch zentripetale Faktorbewegungen zeigen sich im Interaktionsfeld. Im wesentlichen sind dieses Kapitaltransfers (Einkommen, Ersparnisse, Steuern, Subventionen etc.), Güterbewegungen sowie Wanderungs- oder Pendelbewegungen (s. Abb. 2). Diese sind Träger der Impulse, die vom Pol auf das Umland wirken. Der Anstoßeffekt für ein wirtschaftliches Wachstum wird dann direkt wirksam, wenn Kapital und Güter investiven Zwecken zugeführt werden.[1] Erfolgt dieses, zeigt sich als Engpaß die Verfügbarkeit qualifizierter Arbeitskräfte. Die Migration dieser Personengruppe hin zum Pol ist Hauptursache des vergleichsweise schwachen Prozesses wirtschaftlicher Entwicklung im Umland. Dagegen fehlt dieser Engpaß Verfügbarkeit in anderen Polen weitgehend, so daß sich die empfangenen positiven Impulse auch in ein Wirtschaftswachstum umsetzen lassen und somit wirksam werden. Die Interaktion zwischen Pol und restlichem Wirtschaftsgebiet beschränkt sich weitgehend auf den Güteraustausch. Der einzige direkte Impuls auf den Staat erfolgt als Kapitaltransfer von Steuern und Abgaben. Werden die finanziellen Interaktionsströme saldiert, so zeigt sich der Pol im allgemeinen als Nutznießer.[2]

---

1) Vgl. R.E.B. LUCAS, Outmigration, Remittances and Investment in Rural Areas, in: Migration in Botswana,Vol. 3,CSO,MFDP (eds.),Republic of Botswana, Gaborone 1982, S. 637, 650.

2) Wenn der Pol direkt exportiert/importiert, fließen Zölle und eventuell anfallende 'royalties' zunächst in die Staatskasse und damit höchstens mittelbar an den Pol zurück.

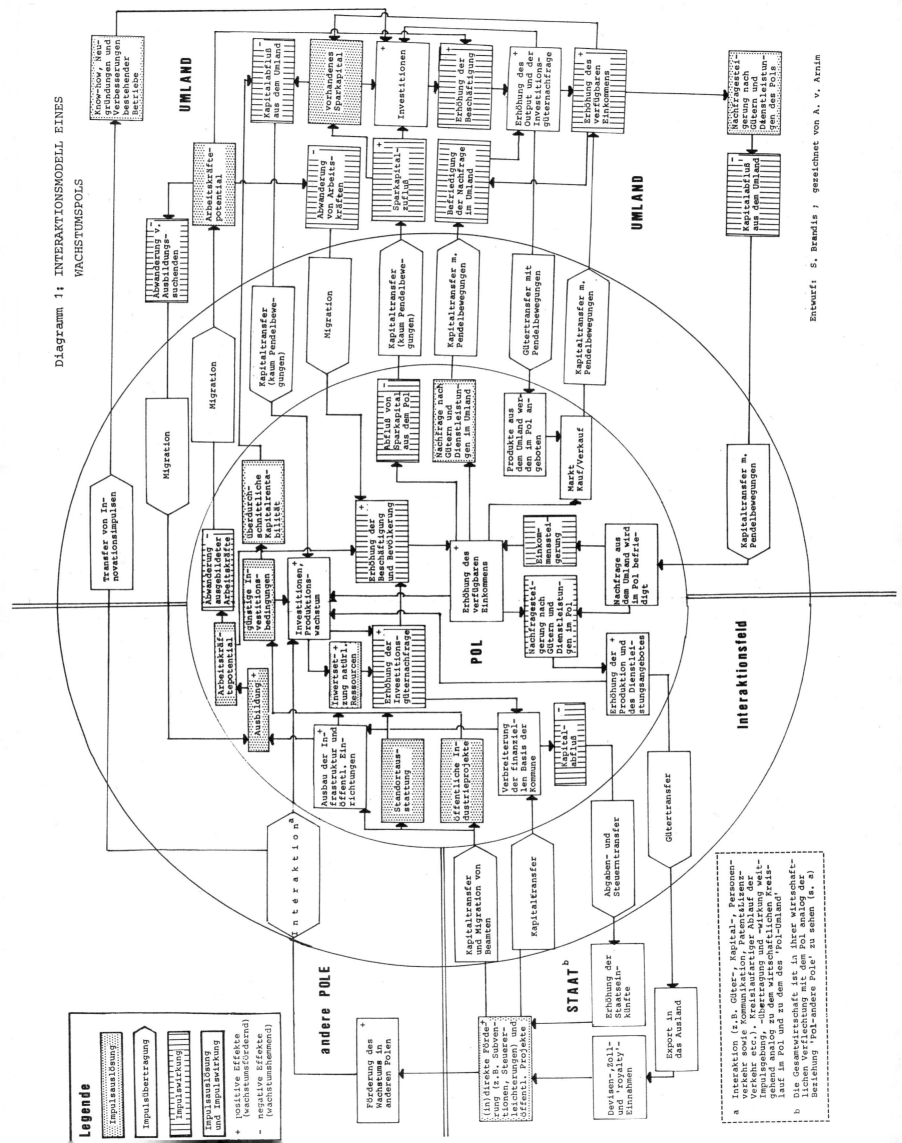

Diagramm 1: INTERAKTIONSMODELL EINES WACHSTUMSPOLS

Entwurf: S. Brandis ; gezeichnet von A. v. Arnim

Abb. 2: INTERAKTIONSSTRÖME ZWISCHEN WACHSTUMSPOL UND UMLAND, ANDEREN POLEN UND GESAMTWIRTSCHAFT RESP. STAAT

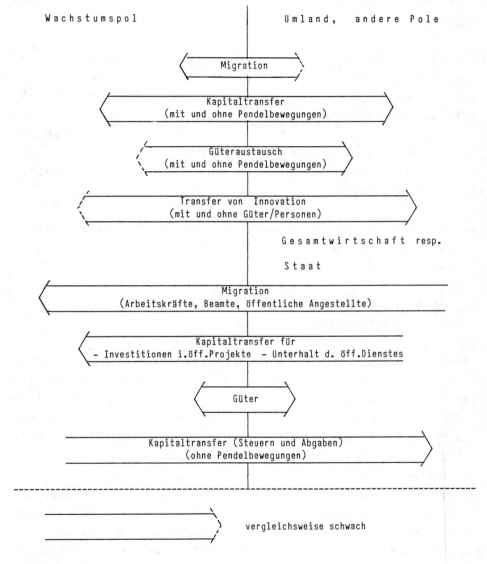

Quelle: Entwurf S. BRANDIS, vgl. Diagramm 1.

Ferner sind in dem Kreislaufschema (Diagramm 1) räumliche Verteilungen und Verlagerungen der Güternachfrage und des Güterangebotes zu beobachten. Dieser Vorgang wird weitgehend in den Pendelbewegungen der jeweiligen Bewohner des Pols und des Umlandes sichtbar.

In dem Wirkungsgefüge lassen sich zudem weitere Engpässe lokalisieren, die einerseits ein Wirtschaftswachstum im Pol erschweren und andererseits die von dort ausgehenden Impulse behindern oder gar unterbinden. Bei der Übertragung der Impulse können nämlich nicht nur Beeinträchtigungen in der Qualität und Quantität, sondern auch zeitliche Verzögerungen auftreten. Beispielhaft seien folgende, potentielle Engpaßstellungen genannt:

- Ausstattung des Pols mit natürlichen Ressourcen (z.B. Wasser, klimatische Gegebenheiten, organische Brennstoffe etc.) und

- Infrastrukturausstattung (z.B. Verkehrsverbindungen, Kommunikationsnetz, Energieversorgung etc.).

Die Quantifizierung und Bewertung des wirtschaftlichen Wachstumsprozesses innerhalb des Interaktionsmodells erfordert die Untersuchung eines jeden Parameters. Diese Parameter kennzeichnen die wirtschaftlichen Entwicklungsprozesse, die sie auslösenden Faktoren (impulsgebend und/oder sich als Impulswirkung zeigend) sowie die impulsübertragenden Transferbewegungen (Interaktionen). Mögliche Maßgrößen, welche die jeweiligen Parameter zahlenmäßig erfassen helfen, sind überwiegend als Mengenangaben in Geldeinheiten oder Stückzahlen ausgedrückt. Gleichfalls sind die Quellen zu nennen, denen das Datenmaterial zu entnehmen ist. Im Falle der Entwicklungsländer werden bereits erste Schwierigkeiten offenbar, die in der Verfügbarkeit und Zu-

Tabelle 1:   MASSGRÖSSEN UND ERFASSBARKEIT (DATENQUELLE) VON IMPULSAUSLÖSUNG UND/ODER IMPULSWIRKUNG

(innerhalb des Interaktionsmodells)

Impulsauslösung und/oder Impulswirkung	Beispielhafte Angaben für	
	mögliche Maßgröße(n)	Datenquelle(n) für Berechnungen
Investition (Produktion)	Geldeinh., Beschäftigte, Löhne/Gehälter, Produktionseinheiten (Geld, Menge)	amtl. Stat., Befragungen, Investitionsrechnungen, Bilanzen, Jahresabschlüsse, allg. Berichterstattung
Standortausstattung	all. Standortfaktoren, Arbeitsmarktdaten, Infrastruktur und Gesetze	amtl. Stat., Erhebungen, Gesetzestexte, öffentl. Haushalte, Berichterstattung
überdurchschnittl. Kapitalrentabilität	Kapitalzinssätze, 'Pay-off'-Periode bei Investitionen, Rentabilitätssätze, Umsatzrendite	Bankberichte, Berichte über Kapitalmarktentwicklungen, Zinsgefüge auf dem inoffiziellen Geldmarkt, Planungsunterlagen, amtl. Stat.
Arbeitskräftepotential	Bevölkerungsstrukturdaten, Ausbildungsgrad (Analphabetenrate), Daten zur Struktur der Beschäftigung und der Arbeitslosigkeit	amtl. Stat., Census, Befragungen, Branchenstrukturbericht, Steuerstatistik
Ausbildung	Art, Umfang, Anzahl der Aus- und Weiterbildungsstätten, Lehrpersonal, Ausbildungsstandsdaten	amtl. Stat., Befragungen, Census, Berichte des Erziehungsministeriums
öffentliche Industrieprojekte als Investition	siehe unter Investition	siehe unter Investition
Nachfrage nach Gütern und Dienstleistungen	Warenkörbe, Einkaufsweg, -häufigkeiten und -summen (Elastizitäten), Einkommensverwendung	Einkommens- und Transportstat., Befragungen, Census
Sparkapital	Geldeinh., evtl. auch Sachkapital (z.B. Rinder, Tauschmittel, o.ä.)	amtl. Stat., Bankenberichte, Befragungen, Landwirtschaftsberichte

Fortsetzung nächste Seite

Fortsetzung Tabelle 1:

Impulsauslösung und/oder Impulswirkung	Beispielhafte Angaben für	
	mögliche Maßgröße(n)	Datenquelle(n) für Berechnungen
'know-how', Neugründungen oder Verbesserungen	Investitionsdaten, Aufwendungen für Forschung u. Entwicklung, Patente und Lizenzen	Genehmigungen, Eintragungen im Handelsregister, Bilanzen, Betriebsbuchhaltung, Patent- und Lizenzbilanz, Berichterstattung, amtl.Stat.
(in)direkte finanzielle Förderung	Subventionen, Steuersätze, öffentl. Mittel, Beamte und öffentl. Angest.	Gesetzestexte, Vorschriften, Stat. des öffentl. Dienstes, amtl. Stat., staatl. Informationsunterlagen
Beschäftigung und Bevölkerung	Einwohnerzahlen, Einkommens- und Lohnsteuerpflichtige, Gewerbeausübende	amtl. Stat., Census, Steuerstatistik, Erhebungen von Gewerbescheinen o.ä., Unternehmensberichte, Befragungen, Census
Einkommen	Geldeinheiten, gezahlte Lohn- und Einkommensteuer	amtl. Stat., Steuerstatistik, Unternehmensangaben, Befragungen, Census
Output und Investition	Produktion nach Art und Menge (Stück, Geldeinh.), Investitionsvolumina und -quoten	amtl. Stat., Produktionsstat., Landwirtschaftsberichte, (Siehe Ang. zu Investition)
Kapitalabfluß	Geldeinh.	Befragungen, Census, Einkommensverwendungsstat.
Migration (Abwanderung)	Personen, Entfernung	Census, Befragungen, Bevölkerungsstat., Melderegister
Nachfragebefriedigung des Umlandes im Pol	Geldeinh., Güter, Warenkorb	Befragungen, Warenkorbstat., Transportstatistik
Finanzielle Basis der Stadt	Geldeinh.	amtl. Stat., öffentl. Haushalte, Trägerschaftsberichte
Infrastrukturausstattung, öffentl. Einrichtungen	geogr. Daten, Verkehrs- und Kommunikationsdaten, öffentl. Einrichtungen (Quantität, Qualität)	amtl. Stat., geogr. Kartenmaterial, Berichterstattung, Befragungen

Fortsetzung nächste Seite

Fortsetzung Tabelle 1:

Impulsauslösung und/oder Impulswirkung	Beispielhafte Angaben für	
	mögliche Maßgröße(n)	Datenquelle(n) für Berechnungen
Export	Geldeinh., Güter	amtl. Stat., Handelsbilanz
Staatseinnahmen	Geldeinh.	amtl. Stat., Haushaltsplan
Devisen-, Zoll- und 'royalty'-Einnahmen	Geldeinh.	amtl. Stat., Handels- und Zahlungsbilanz
Interaktion mit anderen Polen sowie Wachstum in anderen Polen	analog zu den Parametern der Beziehung Pol-Umland oder Pol-Gesamtwirtschaft resp. Polwirtschaft	analog zu den Datenquellen für die Erfassung der Beziehung Pol-Umland oder Pol-Gesamtwirtschaft resp. Polwirtschaft

Quelle: Entwurf S. BRANDIS, vgl. Interaktionsmodell (Diagramm 1).

gänglichkeit liegen. Bei Fehlen solcher Daten kann in dem einen oder anderen Fall auch mit Hilfsgrößen oder Näherungsverfahren gearbeitet werden.[1]

Im folgenden sind alle relevanten Parameter aus dem Flußdiagramm nach den beiden nachstehenden Fragestellungen behandelt (siehe Tabelle 1 und 2):

- Welche mögliche(n) Maßgröße(n) eignet (eignen) sich für die Quantifizierung (oder in Ausnahmefällen auch die Qualifizierung)?

- Welche Datenquellen können für Berechnungszwecke herangezogen werden?

---

1) Alle im Interaktionsmodell dargestellten Beziehungen sind anhand von vorliegenden Daten analysiert worden. Nur in Ausnahmefällen ist die eine oder andere Entwicklung oder Interaktion (z.B. Innovationstransfer) nicht nachvollziehbar. Das Datenmaterial kann bei der Verfasserin eingesehen werden.

Tabelle 2: MASSGRÖSSEN UND ERFASSBARKEIT (Datenquelle) VON IMPULSÜBERTRAGUNG (in-nerhalb der Interaktionsmodelle)

Impuls-überträger	Beispielhafte Angaben für	
	mögliche Maßgröße(n)	Datenquelle(n) für Berechnungen
Kapitaltransfer	Geldeinh.	Census, amtl. Stat., Befragungen, Einkommensver-wendungsstatistik
Migration	Personen	Census, Befragungen, Bevölkerungsstatistik
Pendelbewegungen	Personen, Fahrzeuge, sonst. Transportmittel	Befragungen, Transportstat., amtl. Stat., Census
Innovations-transfer	indirekt erfaßbar: Patent- und Lizenzangaben, Personen (ausgebildet)	Transportstat., Patent&Lizenz-bilanzen; Analogie zu Migra-gration
Gütertransfer	Güter (Qualität und Quantität)	Transportstat., Befragungen, Produktionsstat., Unter-nehmensberichte
Abgaben- und Steuergeld-transfer	Geldeinh.	Haushalte der Kommunen und des Staates, amtl. Stat., Steuerstat.

Quelle: Entwurf S. BRANDIS, vgl. Interaktionsmodell (Diagramm 1).

Auf diese Weise lassen sich die wissenschaftlichen Analyse-
methoden klassifizieren. Zum einen sind sie im Bereich der
Standortanalyse angesiedelt, indem sie Standortverteilung
und -verlagerung wie auch die Ausstattung der Orte
untersuchen. Zum anderen sind es Methoden, die für die
Erfassung der Verflechtungsbeziehungen des Pols mit dem
Umland, anderen Orten sowie der Gesamtwirtschaft (resp.
Staat) angewandt werden können. Die Betrachtung dieser
Beziehungen ist methodisch überwiegend der volkswirtschaft-
lichen Einkommens- und Wachstumstheorie zugeordnet.

Die sich anbietenden Methoden werden dahingehend geprüft,
inwieweit sie zur Identifikation und Bewertung von Impulsgebung, -übertragung und -wirkung zu benutzen sind; dabei
wird die aus dem Wachstumspolkonzept abgeleitete

Hypothese (1)   Sowohl von der Existenz als auch vom Wirt-
                schaftswachstum eines Pols breiten sich
                Impulse aus, die die (wirtschaftliche)
                Entwicklung an den Empfangsstellen (positiv)
                beeinflussen.

als gültig unterstellt.

In einem zweiten Schritt werden dann sowohl die Anwendbarkeit für Prognosen als auch die Übertragbarkeit zur Instrumentalisierung für eine Regional- und Wirtschaftsplanung
diskutiert; dabei wird

Hypothese (2)   Eine gezielt eingesetzte Wachstumspolstrate-
                gie kann direkt und indirekt Impulse auslö-
                sen und steuern.

als gültig angesehen.

2.2.2.   Darstellung der Methoden und Ansätze

Im folgenden werden solche Methoden und Ansätze der empirischen Wachstumstheorie und Regionalforschung vorgestellt,
die sich in der einen oder anderen Weise für die Analyse
und Bewertung von Entwicklung und Wirtschaftswachstum im
Pol und seiner ausstrahlenden Impulse eignen können. [1]

In der sich anschließenden Diskussion wird weitgehend an
der geographischen Aufteilung, Pol, Umland, andere Pole
(Städte) und Gesamtwirtschaft resp. Staat festgehalten, da
aufgrund der Verschiedenartigkeit einzelner Entwicklungs-
und Wachstumsprozesse der Anwendungs- und Einsatzbereich
der jeweiligen Methode häufig genau festgeschrieben werden
kann. Insofern lassen sich in einer Gesamtbewertung aller
Impulse eines Wachstumspols mehrere Ergebnisse von empirischen Einzeluntersuchungen - gewonnen anhand der jeweils
geeignesten Methode - zusammenfassen. Soll eine abschließende Beurteilung der Impulskraft eines Wachstumspols erfolgen, so wird eine Gewichtung der Partialergebnisse
erforderlich sein. Diese Notwendigkeit läßt sich beispielhaft an der Diamantminenstadt Orapa (Botswana) veranschau-
lichen, die zwar äußerst positive Effekte auf den Staats-
haushalt ausstrahlt (in Form von 'royalties', Steuereinnah-
men, Devisenzuflüssen etc.), jedoch kaum ein ökonomisches
Breitenwachstum in der die Stadt umgebenden Region bewirkt.

---

[1] Auf die mathematischen Verfahren wie Regressions- und Korrelationsanalyse, Faktorenanalyse, Trend-Oberflächenanalyse etc. wird in diesem Zusammenhang nicht eingegangen. Sie dienen jeweils der Operationalisierung der Methoden und werden bedarfs-
weise bei der empirischen Überprüfung am Beispiel Botswanas (Kap. 3.) eingesetzt.
Die Eignung der Faktorenanalyse als empirische Analysemethode ist ausführlich diskutiert von P. KLEMMER, Die Faktorenanalyse im Rahmen der Regionalforschung, in:
Raumforschung und Raumordnung, 29. Jg. Heft 1 (1971), S. 6-11.

2.2.2.1   Regionale Kennziffern

Für eine Regionalplanung und die Erfolgskontrolle sind
ökonomische und gesellschaftliche Indikatoren in ihrer
räumlichen Anordnung (als regionale Kennziffern) unabdingbar. STRASSERT unterteilt hierbei in[1]

- Mittelwerte (z.B. Durchschnittseinkommen pro Stunde);

- Verhältnis- und Meßzahlen (z.B. Anteil der Beschäftigten
  eines Sektors an der Gesamtbeschäftigung);

- Indexzahlen (z.B. Bevölkerungszunahme in Prozent der
  Basisbevölkerung).

Die Verwendung von Kennziffern birgt Probleme in sich, die
bei der Konstruktion und Auswahl der Basisdaten beginnen
und bei der Festlegung von Vergleichsmaßstäben und Schwel-
lenwerten sowie Kennziffernkombinationen enden können. Zur
Darstellung der räumlichen Konzentration von Kennziffern
lassen sich sogenannte Lokalisationskurven heranziehen,
die mittels Lokalisationskoeffizienten zu berechnen sind.[2]

Regionale Kennziffern sind in Entwicklungsländern oft der
erste Schritt zu der Bestandsaufnahme und Untersuchung
wirtschaftlicher und regionalwissenschaftlicher Phänomene.
Des weiteren finden sie häufig auch als Datenmaterial Eingang in weiterführende methodische Berechnungen.

---

1) Vgl. G. STRASSERT, Regionale Kennziffern, in: AKADEMIE FÜR RAUMFORSCHUNG UND LANDES-
   PLANUNG (Hrsg.), Methoden der empirischen Regionalforschung (2. Teil), Bd. 105,
   Hannover 1975, S. 1-11; J.-H. MÜLLER, a.a.O., S. 43-53; O. BOUSTEDT, Grundriß
   der empirischen Regionalforschung, Teil IV: Regionalstatistik, Bd. 7, Hannover
   1975, S. 124 ff.

2) Vgl. E. LAUSCHMANN, a.a.O., S. 126 ff. und ihre Ausführungen zu den Lokalisationskoeffizienten S. 130 ff.

Eine für Entwicklungsländer interessante Kennziffer läßt sich aus einem Ansatz von BORCHERT entwickeln, in welchem der Aktivitätsgrad einer Region mittels der Rate Wertschöpfung pro Arbeitstag (dividiert durch km²) bestimmt wird.[1] Soll nun der Aktivitätsgrad A eines Wachstumspols P definiert werden und damit im empirischen Zusammenhang einen präzisen Inhalt erhalten, so empfiehlt sich nach BORCHERT folgende Formel

$$AP_j = \frac{w_1 \cdot \left(\frac{w_1}{T_1}\right) + w_2 \cdot \left(\frac{w_2}{T_2}\right) + \ldots + w_s \cdot \left(\frac{w_s}{T_s}\right)}{B_j} = \frac{\sum\limits_{q=1}^{s} w_q \cdot \left(\frac{w_q}{T_q}\right)}{B_j}$$

Die Wertschöpfung w[2] für die Produkte $q = 1, \ldots, s$ wird mit der entsprechenden Wertschöpfung pro Arbeitstag $\left(\frac{w}{T}\right)$ multipliziert. Aufsummiert für alle im Pol hergestellten Produkte und dividiert durch die Beschäftigtenzahl B (denkbar ist auch die Verwendung der Bevölkerungszahl p) ergibt sich der Wert für den Aktivitätsgrad AP_j, des Pols j. Bei dieser Definition wird die Wertschöpfung mit der Wertschöpfung pro Zeiteinheit (also der Gesamtwertschöpfung w_q dividiert durch die Gesamtproduktionsdauer gemessen in Arbeitstagen T_q). Hierdurch tritt die Wertschöpfung w_q im Quadrat auf. Somit können große Wertschöpfungen viel zum Aktionspotential beitragen, während relativ kleine Wertschöpfungen einen zu vernachlässigenden Beitrag leisten. Das Maß differenziert also deutlich zwischen Polen mit hoher und niedriger Wertschöpfungsträchtigkeit. Die Kennziffer bietet sich nicht nur für Vergleiche von Wachstumspolen untereinander, sondern auch für Einzelbetrachtungen von Produktionszweigen und Wirtschaftsbranchen, um jene herausfiltern zu helfen, die einen hohen Wertschöpfungsbeitrag leisten.

---

1) Vgl. G. BORCHERT, Methoden der wirtschaftsräumlichen Gliederung in Entwicklungsländern, in: G. BORCHERT, G. OBERBECK, G. SANDNER (Hrsg.), Wirtschafts- und Kulturräume in der außereuropäischen Welt, Hamburg 1971, S. 35 f. sowie die methodische Weiterentwicklung bei G. BORCHERT, Agricultural efficiency in South Africa - A survey based on "value added per labour day", Hamburg 1983, S. 115.

2) Die Wertschöpfung w kann als Summe aller durch den Produktionsprozeß entstandenen Einkommen ('income') definiert werden. Ist die Erfassung detaillierter Angaben für die jeweiligen Produkte nicht möglich, so bietet sich die Verwendung einer aggregierten Größe wie die der Wertschöpfung in einem bestimmten Sektor i (i=1, ... ,m) an.

In Kombination mit der rechnerischen Vorgehensweise der Shift-Analyse läßt sich die Dynamik von Wachstumspolentwicklungen bewerten. Schwierigkeiten dürften sich bei der Bereitstellung des benötigten Datenmaterials[1] in Entwicklungsländern im Hinblick auf die Zuverlässigkeit und den Aussagewert ergeben.

2.2.2.2.   Methode der Bestimmung Zentraler Orte

Ausgehend von der Theorie der Zentralen Orte (CHRISTALLER/ LÖSCH)[2] wurde in den letzten Jahrzehnten die Ausstattung eines Ortes mit zentralörtlichen Einrichtungen u.a. für die Bestimmung und Planung von Wachstumspolen herangezogen. Diese Einrichtungen wie Postämter, Märkte, Grundschulen und höhere Schulen, Krankenhäuser, öffentliche Stellen und Ämter etc. dienen zur Erfüllung von Dienstleistungsfunktionen. In empirischen Erhebungen (Befragung und Faktorenanalyse) sind Zusammenhänge untersucht worden zwischen der

A) Anzahl der zentralen Einrichtungen und der Anzahl zentraler Funktionen sowie

B) räumlichen Ausdehnungen des Einzugsgebietes und der insgesamt versorgten Bevölkerungszahl.[3]

Sofern für Entwicklungsländer solche Zusammenhänge berechnet worden sind, läßt sich daraus eine für dieses Land spezifische zentralörtliche Hierarchie ableiten, aus wel-

---

1) Eine Überprüfung dieser Kennziffern AP₁ anhand von Daten aus Botswana wird aus Datenmangel nicht möglich sein. Lediglich die Wertschöpfung pro Produktgruppe ist in Botswana für selbständige Berufe verfügbar. Siehe die Angaben von R.E.B. LUCAS, Determinants of Migration Decisions, in: CSO, MFDP, REPUBLIC OF BOTSWANA (eds.), Migration in Botswana, Vol. 2, Gaborone 1982, S. 274 f.

2) Zur Darstellung der Theorie siehe L. SCHÄTZL, Wirtschaftsgeographie 1, a.a.O., S. 63-80.

3) Vgl. P. HAGGET, Einführung in die kultur- und sozialgeographische Regionalanalyse, Berlin 1973, S. 145 ff. Einen guten Überblick über grundlegende zentralörtliche Begriffe wie Bevölkerungsschwellenwert und Reichweite eines Gutes gibt G. OLSSON, Zentralörtliche Systeme, räumliche Interaktion und stochastische Prozesse, in: D. BARTELS (Hrsg.), Wirtschafts- und Sozialgeographie, Köln 1970, S. 141-178.

A)   Klassifizierung von Siedlungsgrößen mittels
des Verhältnisses von Anzahl Zentraler Einrichtungen zu Anzahl Zentraler Funktionen

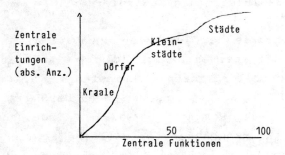

B)   Klassifizierung von Siedlungsgrößen mittels
des Verhältnisses von Anzahl der insgesamt
versorgten Bevölkerung zu räumlicher Ausdehnung des Einzugsgebietes

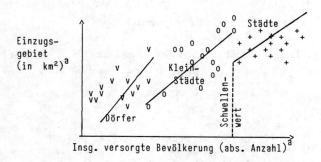

a   Logarithmus-Maßstab.

Quellen: Entwurf S. BRANDIS nach P. HAGGET, a.a.O., S. 149; siehe auch Tabelle 13
sowie Tabelle A 11 im Anhang.

60

cher dann auch eine graphisch zu bestimmende Klassifizierung der Siedlungsgrößen entwickelt werden kann (siehe das
Beispiel in Abb. 3 A)). Dem in Abb. 3 B) gezeigten empirisch
ermittelten Beispiel können sowohl Bevölkerungsschwellen-
werte als auch maximale Einzugsgebiete für solchermaßen
bestimmte Siedlungsgrößen entnommen werden.[1]

Diese Betrachtungsweise beschränkt vom Ort ausstrahlende
Impulse auf diejenigen, die von dem Angebot zentralörtli-
cher Güter (einschl. Dienstleistungen) ausgehen.[2] Mit
einer Befriedigung der Nachfrage im Pol sind nicht nur
Pendelbewegungen verbunden, sondern auch Steigerungen des
Einkommens im Zentrum. Letztere werden aber nicht erfaßt.

Für unsere Zwecke eignet sich die Methode der Ermittlung
zentralörtlicher Einrichtungen und ihrer Einzugsbereiche
unter folgenden Gesichtspunkten:

- Identifikation von Wachstumspolen und Bewertung ihrer
  Reichweite;

- Identifikation möglicher Engpässe in dem Angebot an
  zentralörtlichen Einrichtungen;

- Datengewinnung für die Standortkatalogerstellung.

Ergebnisse von Zeitreihenuntersuchungen können sowohl über
die Dynamik (bei konstantem Einwohner-/Funktionenzahlver-
hältnis als auch über die strukturelle Entwicklung der
Einwohner-/Funktionenzahl-Beziehung Aufschluß geben.

---

1) CHRISTALLER (in ähnlicher Weise auch LÖSCH) geht von einer hexagonalen Vernetzung
   zentraler Orte aus und bestimmt die "abhängigen" Orte um einen zentralen Ort über
   den sogenannten K-Wert. Eine kritische Auseinandersetzung mit der Ermittlung und
   Aussagefähigkeit zentraler Funktionen findet sich bei J.H. MÜLLER, Methoden zur regionalen Analyse und Prognose, Hannover 1973, S. 35-42.

2) CHRISTALLER selbst nimmt in seiner empirischen Untersuchung die Zahl der Telefonan-
   schlüsse pro Einwohner als Maßgröße für die Bestimmung Zentraler Orte. Seine Aufstellung aller Faktoren findet sich in W. CHRISTALLER, Die Zentralen Orte in Süddeutsch-
   land, 2. Aufl., Darmstadt 1968, S. 139 f.

2.2.2.3   Shift-Analyse

In der Regionalplanung ist die Shift-Analyse beliebt, wenn es gilt, regionales Wirtschaftswachstum zu untersuchen. Es handelt sich um eine statistische Methode, die u.a. mit Abweichungen vom Mittelwert resp. Erwartungswert arbeitet.

Im folgenden wird von der sonst üblichen Betrachtung der Region als Untersuchungseinheit abgesehen. Die Eignung der Shift-Analyse wird demnach anhand der ökonomischen Aktivität des Wachstumspols diskutiert.

Für die mathematische Berechnung bietet es sich an, auf Daten aus der Beschäftigungsstatistik zurückzugreifen.[1] Der Polfaktor PF steht als Kennziffer für das Verhältnis von pol- zu gesamtwirtschaftlichem Wachstum (resp. der Summe des Wirtschaftswachstums aller betrachteten Pole) und ist die multiplikative Verknüpfung von Standortfaktor PSOF (vergleichbar mit dem 'net differential shift') und Strukturfaktor PSF (vergleichbar mit dem 'net proportionality shift').[2]

Die mathematische Berechnung läßt sich mittels einer matrixartigen Darstellung nachvollziehen (Tabelle 3).

---

1) Vgl. P. KLEMMER, Die Shift-Analyse als Instrument der Regionalplanung, in: AKADE-MIE FÜR RAUMFORSCHUNG UND LANDESPLANUNG (Hrsg.), Methoden der empirischen Regional-forschung (1. Teil), Bd. 87, Hannover 1973, S. 117-129. Sofern eine detaillierte Einkommensstatistik in einem Entwicklungsland vorliegt, läßt sich z.B. auch das Einkommen Y als Berechnungsgröße verwenden.

2) Siehe hierzu auch die mathematischen Ableitungen von K.-H. ALBRECHT, Verflechtungs-und Potentialtheoretische Aspekte der Schlüsselsektorbestimmung, Diss. Karlsruhe 1979, S. 17 f.; L. SCHÄTZL, Wirtschaftsgeographie 2, Empirie, Paderborn 1981, S. 46 ff.; SCHÄTZL berechnet den 'total net shift' (= Gesamtnettoverschiebung) TNS als den absoluten Wert der Beschäftigungsveränderung (aller Sektoren) im Pol zum Gesamtdurchschnitt der Veränderungen in allen Polen.

Tabelle 3: BERECHNUNGSTABELLE FÜR SHIFT ANALYSE, BESCHÄFTIGUNG NACH POLZUGEHÖRIG-KEIT UND WIRTSCHAFTSSEKTOR (zum Zeitpunkt t)

Pol Sektor	1	2	...	n	Beschäftigte aller Pole	Beschäftigte in Gesamt-wirtschaft
1	$B^1_{t,1}$	$B^2_{t,1}$	...	$B^n_{t,1}$	$\sum\limits_{j=1}^{n} B^j_{t,1}$	$N_{t,1}$
2	$B^1_{t,2}$	$B^2_{t,2}$	...	$B^n_{t,2}$	$\sum\limits_{j=1}^{n} B^j_{t,2}$	$N_{t,2}$
·						
·						
·						
m	$B^1_{t,m}$	$B^2_{t,m}$		$B^n_{t,m}$	$\sum\limits_{j=1}^{n} B^j_{t,m}$	$N_{t,m}$
Beschäftigte im Pol	$\sum\limits_{i=1}^{m} B^1_{t,i}$	$\sum\limits_{i=1}^{m} B^2_{t,i}$		$\sum\limits_{i=1}^{m} B^n_{t,i}$	$\sum\limits_{i=1}^{m}\sum\limits_{j=1}^{n} B^j_{t,i}$	$\sum\limits_{i=1}^{m} N_{t,i}$

Quelle: Entwurf S. BRANDIS nach L. SCHÄTZL, Wirtschaftsgeographie 2, a.a.O., S. 48.

Der Betrachtungszeitraum ist durch den Zeitpunkt 0,t gegeben. Nehmen wir als Vergleichsgröße die Summe der Beschäftigten aller betrachteten Pole, so läßt sich der Polfaktor PF berechnen:

$$PF^j = \frac{\sum\limits_{i=1}^{m} B^j_{t,i}}{\sum\limits_{i=1}^{m} B^j_{0,i}} : \frac{\sum\limits_{i=1}^{m} \sum\limits_{j=1}^{n} B^j_{t,i}}{\sum\limits_{i=1}^{m} \sum\limits_{j=1}^{n} B^j_{0,i}}$$

Der Strukturfaktor des Pols PSF ergibt sich als

$$PSF^j = \frac{\displaystyle\sum_{i=1}^{m}\left[\left(\frac{B^j_{0,i}}{\sum\limits_{j=1}^{n} B^j_{0,i}}\right) \cdot \sum_{j=1}^{n} B^j_{t,i}\right]}{\displaystyle\sum_{i=1}^{m}\left[\left(\frac{B^j_{0,i}}{\sum\limits_{j=1}^{n} B^j_{0,1}}\right) \cdot \sum_{j=1}^{n} B^j_{0,i}\right]} : \frac{\displaystyle\sum_{j=1}^{n}\sum_{i=1}^{m} B^j_{t,i}}{\displaystyle\sum_{j=1}^{n}\sum_{i=1}^{m} B^j_{0,i}}$$

und der Standortfaktor des Pols PSOF als

$$PSOF^j = \frac{\displaystyle\sum_{i=1}^{m}\left[\left(\frac{B^j_{t,i}}{\sum\limits_{j=1}^{n} B^j_{t,i}}\right) \cdot \sum_{j=1}^{n} B^j_{t,i}\right]}{\displaystyle\sum_{i=1}^{m}\left[\left(\frac{B^j_{0,i}}{\sum\limits_{j=1}^{n} B^j_{0,i}}\right) \cdot \sum_{j=1}^{n} B^j_{t,i}\right]}$$

wobei $PF^j = PSF^j \cdot PSOF^j$.

Sind die durchschnittlichen Wachstumsraten im Pol und in der Gesamtheit aller Pole gleich, so ist $PF = 1$. Bei $PF > 1$ ($PF < 1$) ist im Pol ein vergleichsweise höheres (niedrigeres) Wachstum im Zeitraum O bis t erreicht worden.

Der Polstrukturfaktor PSF spiegelt die Entwicklung wachstumsintensiver (-schwacher) Industrien bzw. Branchen im Pol wider. Bei $PSF > 1$ ($PSF < 1$) liegt die Beschäftigtenzunahme über (unter) der durchschnittlichen Beschäftigtenentwicklung aller Pole. Wird eine Einzelbetrachtung der Wirtschaftssektoren durchgeführt, ermöglicht dieses die Identifikation von Wachstumsbranchen im Pol. Ist im Sektor m des Pols n die

Beschäftigtenentwicklung $\left(\dfrac{B_{t,m}^{n}}{B_{O,m}^{n}} \right)$

größer (kleiner) als die Gesamtentwicklung im Sektor m aller Pole, $\left(\dfrac{\sum\limits_{j=1}^{n} B_{t,m}^{j}}{\sum\limits_{j=1}^{n} B_{O,m}^{j}} \right)$

so kann der Sektor m im Pol n als Wachstumsbranche (resp. unterdurchschnittliche Sektorentwicklung) angesprochen werden.

Der Polstandortfaktor PSOF kann lediglich Rückschlüsse auf die (über)durchschnittliche (resp. unter-) Ausstattung eines Pols n mit Wachstumsbranchen ermöglichen, wenn die Beziehung gilt:

$$\left(\dfrac{\sum\limits_{i=1}^{m} B_{t,i}^{n}}{\sum\limits_{i=1}^{m} B_{O,i}^{n}} \right) \quad \text{größer (kleiner) als} \quad \left(\dfrac{\sum\limits_{i=1}^{m} \sum\limits_{j=1}^{n} B_{t,i}^{j}}{\sum\limits_{i=1}^{m} \sum\limits_{j=1}^{n} B_{O,i}^{j}} \right)$$

Fraglich ist jedoch, ob daraus allgemeine Standortvorteile eines Pols abgelesen werden können. Es empfiehlt sich, den PSOF lediglich als Indikator für die Wachstumsdynamik eines Pols zu sehen. Denn Aussagen über die das Wachstum induzierenden Faktoren werden nicht geliefert.

Die empirische Anwendung der Shift-Analyse in Entwicklungsländern ist als "Diagnoseinstrument" möglich.[1] Zum einen
können im Pol wachstumsträchtige Branchen ermittelt werden,
von denen Impulse zu erwarten sind; zum anderen kann die
Feststellung eines unterdurchschnittlichen Branchenwachs-
tums Anlaß sein, eine Suche nach Ursachen, beispielsweise
Engpässen, in diesem Bereich durchzuführen.[2]

Selbst wenn ein ausreichendes Datenmaterial vorliegt, kann
der Aussagegehalt mancher Berechnungen wertlos sein.
Befindet sich beispielsweise in einem Land ohne sonstige
bergbauliche Aktivitäten lediglich ein Ort n mit einem umfangreichen Bergbauprojekt (errichtet im Zeitraum O,t),
dann bietet der PSF^n kaum eine verwertbare Information.
Desgleichen ergeben sich teilweise erhebliche Verzerrungen,
wenn sowohl ein Wirtschaftssektor eines Landes nur von
wenigen Industrien einzelner Pole gebildet als auch die
wirtschaftliche Aktivität eines Pols nur von sehr wenigen
Branchen getragen wird. In einem solchen Fall sind die
Ergebnisse einer Shift-Analyse für unsere Zwecke nicht
verwertbar.

Ebenfalls werden weder Verflechtungen noch räumliche
Aspekte erfaßt.

---

1) P. KLEMMER, Die Shift-Analyse als Instrument der Regionalplanung, in: AKADEMIE
FÜR RAUMFORSCHUNG UND LANDESPLANUNG (Hrsg.), Methoden der empirischen Regionalforschung (1. Teil), Bd. 87, Hannover 1973, S. 126 ff. untersucht die Eignung der
Shift-Analyse als Prognoseinstrument. Für die Schätzung zukünftiger Entwicklungen
der jeweils betrachteten Faktoren (für die Vergleichsgrößen) schlägt er die Trend-
extrapolation (von Vergangenheitswerten) vor. Auf die erheblichen Schwächen dieses
Verfahrens sowie auf die äußerst geringe Eintrittswahrscheinlichkeit wird an
anderer Stelle eingegangen.

2) Zur Verwendbarkeit des Modells für eine Erfolgskontrolle siehe K.-A. BOESLER,
Raumordnung, Darmstadt 1982, S. 159 f.

2.2.2.4.   Standortkatalog und Potentialfaktoren

Die Impulskraft eines Pols wird wesentlich durch die dort
ansässigen Unternehmen bestimmt. Insofern ist die Erfassung
von Standortgegebenheiten in und um den Pol sowie weiterer
Standortfaktoren unabdingbar für eine Bewertung von Wachstumspolen. Angesichts der jeweiligen Standortanforderungen
unterschiedlicher Industriezweige lassen sich je nachdem
sowohl Engpässe in der Ausstattung als auch Idealstandorte
identifizieren. Für jeden Pol kann ein sogenannter Standortkatalog erstellt werden. Unter der Prämisse eines angestrebten Breitenwachstums und der dafür notwendigen Impulse
sollte das Standortangebot eines Ortes möglichst umfassend
- insbesondere ausreichend in Quantität und Qualität -
sein.[1]

Mit Hilfe eines vorformulierten Standortkataloges kann die
Attraktivität eines Ortes ebenso bestimmt werden wie die
Eignung für die Ansiedlung bestimmter Industrien oder
Branchen. Für die Standortbewertung durch ein Unternehmen
sind jedoch noch Kostenfaktoren im Rahmen einer Investitionsrechnung zu berücksichtigen. Da diese Faktoren ausge-
sprochen unternehmensspezifisch sind, sollten sie nicht
als allgemeine Größen in einen Standortkatalog aufgenommen
werden.[2]

---

[1]   Beispielsweise wird der Wasserbedarf der Diamantminenstadt Orapa in Botswana aus
dem über 200 km entfernten Okavango-Delta (über ein Kanal- und Pipeline-System)
gedeckt. Neben der häufig problematischen Wasserversorgung in Entwicklungsländern
ist deren Energieversorgung nicht selten Engpaßfaktor Nummer zwei. Dabei dürfte
insbesondere das Problem in häufigen Stromausfällen oder großen Spannungsschwankun-
gen liegen.

[2]   Der Standortkatalog (Tabelle 4) ist bereits an den Verhältnissen in Botswana
ausgerichtet und zwar im Hinblick auf die drei Spalten unter 'Standortanforderungen von Vertretern ausgewählter Branchen'.

Tabelle 4: STANDORTKATALOG MIT ALLGEMEINEN STANDORTFAKTO-
REN SOWIE STANDORTANFORDERUNGEN AUSGEWÄHLTER
BRANCHEN

Standortfaktor	Standortanforderungen von Vertretern ausgewählter Branchen		
	lokale Bäckerei	Kupferhütte	Gerberei
Rohstoff-quellen	o	x	o
Arbeitsmarkt	o	x	o
Industrie-fläche	o	x	x
Brennstoffe	x	x	x
Transportbe-dingungen	o	x	x
Marktlage	x	o	o
Verteilungs-organisation	x	o	x
Energie	o	x	x
Wasser (einschl. Ab-wasserbeseitigung)	o	x	x
Abfallprobleme gelöst (lösbar)	o	x	o/x
Allg. Lebensbedingungen	o	x	o
Gesetze u. Verordnungen	o	o/x	x
Steuerstruktur (meist national)	x	o	x
Klima	o	o	o

x   wichtig;   o   neutral;

Quelle: Entwurf S. BRANDIS; vgl. H. MÜLLER, a.a.O.,
S. 62-66.

Die genannten Standortfaktoren (wie auch Arbeit, Kapital, Umwelt etc.) können durch Korrelationsanalysen auf ihren produktionsbezogenen Potentialcharakter hin untersucht werden, um daran anschließend Indikatoren, Kennziffern sowie Kennziffergewichtungen abzuleiten. Diese erlauben nun im Wege der Potentialfaktorenanalyse die Identifikation unausgeschöpfter Potentialfaktoren. Solche Faktoren können dann durch qualitative und/oder quantitative Änderungen im Produktionsprozeß genutzt werden. In gleicher Weise lassen sich auch Engpässe in der Faktorversorgung des Pols herausfiltern.

Der Rechenaufwand für die Durchführung einer solchen Analyse ist erheblich. Angesichts der meist unsicheren und nicht selten unzureichenden Datenlage in Entwicklungsländern erscheint der Einsatzbereich dieser Methode äußerst eng. Für unsere Zwecke ist sie im empirischen Teil der Arbeit (Kap. 3.) nicht weiter zu behandeln, denn es bleiben zusätzlich zu den Mängeln auch die Polarisationsaspekte, wie beispielsweise Struktur und Stärke der intersektoralen Produktionsverflechtung, völlig unberücksichtigt.

Es bietet sich auch eine Kombination von Potentialfaktoren- und Input-Output-Analyse an, da mit Hilfe der Input-Output-Matrix die Verflechtungsbeziehungen erfaßt und interpretiert werden können.[1] Das Problem der Datenlage wird durch die entsprechenden Anforderungen der Input-Output-Analyse noch verschärft.

---

[1] Die theoretische wie auch empirische Untersuchung dieser Kombinationsmöglichkeit findet sich in der Dissertation von K.-H. ALBRECHT, a.a.O., S. 129-137; zur Darstellung des Potentialfaktorenansatzes siehe S. 69-87. Allerdings verwendet der Autor den Gedanken des Potentialfaktorenansatzes für eine Identifikation und Bestimmung von Schlüsselsektoren (S. 122-128).

2.2.2.5. Gravitations- und Potentialmodelle

Eine Form, die Ausbreitung und Reichweite von Impulsen eines Pols ins Umland sowie die Interaktion (Verflechtung) zwischen zwei Polen zu bewerten, ist durch das Gravitationsmodell gegeben. Die Verflechtungsintensität z zwischen dem Pol r und dem Pol j (resp. Pol r und Umland j) läßt sich wie folgt bestimmen:[1]

$$z_{rj} = c \cdot \frac{g_r(M_r)^{ar} \cdot g_j(M_j)^{aj}}{(d_{rj})^b} \quad ; \quad \begin{array}{l} r,j=1,\ldots,m \\ \text{und } r \neq j \end{array}$$

wobei c als Gravitationskonstante, g als jeweiliger Gewichtungsfaktor für die relevanten Merkmale M_r und M_j sowie b für die Entfernung als Entfernungselastizität und a,b als die jeweiligen - empirisch ermittelbaren -Exponentialkoeffizienten stehen. d_{rj} ist die Distanz zwischen den Polen r und j. Mithin ist das Modell zunächst rein deskriptiver Natur und deckt keinerlei Motive für die Interaktionstätigkeit auf. Bei der Berechnung der Distanz sollten Mobilitätshemmnisse berücksichtigt werden. Eine solche Möglichkeit besteht beispielsweise durch die Verwendung der Transportkostenfunktion, um eine realitätsnähere Festlegung des Entfernungswiderstandes b zu geben.[2] Insbesondere für die Ermittlung eines Gravitationsfeldes um einen

---

1) Siehe hierzu die Ableitung von W. ISARD, Methods of Regional Analysis, Cambridge (Massachusetts) 1967.

2) Eine Diskussion der Ableitung und Berechnung verschiedener Entfernungsfunktionen bringt D. MEINKE, Regionale Interaktionsmodelle - gravitations- und potentialorientierter Ansätze -, in: AKADEMIE FÜR RAUMFORSCHUNG UND LANDESPLANUNG (Hrsg.), Methoden der empirischen Regionalforschung (2. Teil), Bd. 105, Hannover 1975, S. 32-35; als gebräuchlichste Formen von Entfernungsfunktionen werden 1. Gravitations- und Paretofunktion, 2. Exponentialfunktion, 3. Normal- oder Gauß'sche Normalverteilung und 4. Gammaverteilung vorgestellt; Tanner- und Pareto-Funktion nennen zusätzlich J.H.P. PAELINCK und D. TACK, Distance Interaction: Rationale, Estimation, and Computing, Rotterdam 1979, S. 11 ff.

Pol berücksichtigt z.B. die in Transportkosten gemessene Entfernung wesentliche Einflüsse sowohl der mobilitätsfördernden Verkehrsnetzstruktur als auch der physisch-geographischen Hemmnisse (z.B. Relief, Sumpf, breite Flüsse, Dauerfrostboden, Sanddünen etc.) im Umland (s. Abb. 4).[1]

Abb. 4: GRAVITATIONSFELDER UM EINEN POL

A.) Ideales, zentrifugales Gravitations-
     feld um einen Pol (in km)

B.) Durch Transportkosten beeinflußtes
     Gravitationsfeld um einen Pol
     (Transportkostenfunktion)

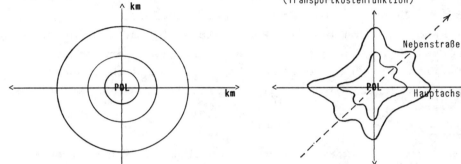

Quelle: Entwurf S. BRANDIS nach H.M. MAYER, a.a.O., S. 28.

Im Gegensatz zum Gravitationsansatz wird bei dem Potentialmodell der Einfluß, und damit auch der Impuls, des betrachteten Pols auf alle anderen Pole (resp. Regionen) gemessen (et vice versa). Formal berechnet sich das Potential PO des Pols r wie folgt:

$$PO_r = c \cdot \sum_{j=1}^{m} \left(\frac{M_j}{(d_{jr})^b} \right) \quad ; \quad \text{Variablen wie vor,} \quad r \neq j$$

---

1) Vgl. H.M. MAYER in: ASSOCIATION OF AMERICAN GEOGRAPHERS (Hrsg.), The Spatial Expression of Urban Growth, Resource Paper No. 7, Washington 1969, S. 20 ff. Die Berechnung von Variablen für den Entfernungswiderstand (mittels Entfernungsfunktion) mit Hilfe der Regressionsanalyse zeigt J. HAMPE, Die Bedeutung der Regressionsanalyse in der Regionalforschung, in: AKADEMIE FÜR RAUMFORSCHUNG UND LANDESPLANUNG (Hrsg.), Methoden der empirischen Regionalforschung (1. Teil), Bd. 87, Hannover 1973, S. 85-100.

Wird für M die Einkommenssumme (Y) gesetzt, so wird von einem Einkommenspotential des Pols r gesprochen.[1]

Gravitations- und Potentialansätze können zur Bewertung von Interaktionen, insbesondere wirtschaftlicher Art, zwischen Polen bzw. Pol und Gesamtwirtschaft herangezogen werden sowie zur Untersuchung der räumlichen Ausstrahlung von Impulsen (Impulsübertragung) eingesetzt werden. Probleme werden sich bei der Schätzung und Berechnung der Variablen und den Bestimmungen der Entfernungsfunktionen ergeben.[2] Dennoch ist das Gravitationsmodell in der einen oder anderen Form bei der Regionalplanung in Entwicklungsländern ein wichtiges Hilfsmittel. Es veranschaulicht letztlich auch räumliche Aspekte aus dem Wachstumspolkonzept, soweit es die Ausbreitungseffekte ('spread effects') betrifft.[3]

---

1) Das theoretische Konzept der Potentialmodelle stellt KAU dar. Seinen eigenen Ansatz stützt der Autor auf die analoge Anwendung der Abzinsungsfunktion. Der Abzinsungsfaktor entspricht dem b einer Entfernungsfunktion (Analogiebeziehung weist der Autor nach). Die empirische Anwendung erfolgt für das Nahrungs- und Genußmittelgewerbe in der Bundesrepublik Deutschland, wobei auch auf eine regionale I-O-Tabelle zurückgegriffen wird. Somit sieht KAU die Potentialanalyse als ein Bindeglied zwischen interregionaler I-O-Analyse und der Strukturkennziffernanalyse. Vgl. W.KAU, Theorie und Anwendung raumwirtschaftlicher Potentialmodelle, Tübingen 1970, S. 24 f.,221-230.

2) Eine wissenschaftliche Weiterentwicklung der aufgezeigten Ansätze ist der Entropieansatz, der formale Inkonsistenzen des Gravitationsansatzes (beispielsweise mangelnde Gleichheit von Liefer- und Empfangsströmen) für den statischen Fall einer Bestimmung der räumlichen Verteilung von Interaktionen beseitigt. Die Ableitungen zeigen auf H. KEMMING, Raumwirtschaftstheoretische Gravitationsmodelle, Berlin, Darmstadt 1980; insbesondere seine kritischen Bemerkungen über die Einsatzfähigkeit von Entropiemodellen in der Empirie S. 157-159.

3) Berechnungen zur Prognose von interregionalen Güterströmen auf der Basis eines dreifach beschränkten Gravitationsansatzes sind durchführbar. Allerdings ist ein extrem breit und tief gegliedertes Datenmaterial unabdingbar. Siehe I. LANGE und G.H. REMBOLD, Die interregionale sektorspezifische Güterverflechtung der BRD, in: R. FUNCK (Hrsg.), Über Wachstum und Wachstumslenkung, Karlsruher Beiträge Heft 6, Karlsruhe 1977, S. 91-128.

2.2.2.6. Input-Output-Analyse

Für die Analyse von inter- und intraregionalen und letztlich auch nationalen Wirtschaftsbeziehungen zwischen Wirt-
schaftseinheiten bietet sich das Input-Output-Modell an.
Liefer- und Empfangsströme eines jeden Sektors werden in
einer Matrix erfaßt.[1] Mit Hilfe dieser Matrix ist die
wirtschaftliche Verflechtung, z.B. eines Pols mit dem
Umland oder einem anderen Pol, nachvollziehbar. Besonders
die Verflechtung der Vorleistungs- und Nachfragestruktur
(= Zwischennachfrage) einzelner Sektoren gibt Aufschluß
über die 'basic activities', die wiederum die Übertragung
von Impulsen bewirken können. Ferner kann über die Input-
Output-Tabelle (I-O-Tabelle) die für ein Wachstum (über
Endnachfragesteigerung) benötigte Menge des primären
Faktorinputs berechnet werden, wobei allerdings keinerlei
Auskunft über die Verfügbarkeit (z.B. wegen bestehender
Engpässe) dieser Menge gewonnen werden kann.[2]

Für die Erstellung von I-O-Tabellen werden im allgemeinen

---

1) Zur theoretischen Abhandlung siehe W.H. MIERNYK, The Elements of Input-Output-Ana-
   lysis, 4. Aufl., New York 1967, S. 8-28 .

   In neuer Zeit wird vermehrt auf die offene Matrixform zurückgegriffen.

2) Vgl. K.-H. ALBRECHT, a.a.O., S. 24. Die Verwendung des Input-Output-Verfahrens zur
   Erstellung von 'prefeasibility'-Studien diskutieren formal und an einem empirischen
   Beispiel L.H. KLAASSEN und J.H.P. PAELINCK, Uncovering Regional Growth Potential
   from an Input Output Table, in: NETHERLAND ECONOMIC INSTITUTE (ed.), Series:
   Foundations of Empirical Economic Research, Rotterdam 1975.

originäre Daten benötigt.[1]   Diese Notwendigkeit ist denn
auch der Grund für die begrenzte Anwendungsmöglichkeit in
Entwicklungsländern. Mit der Anfertigung einer nationalen
I-O-Matrix ist häufig das in den Ländern der Dritten Welt
vorliegende offizielle Datenmaterial erschöpft. Weiterge-
hende Untersuchungen hätten zunächst die Aufgabe, zusätzliche Primärerhebungen durchzuführen. Doch selbst dann wird
noch ein großer Teil Unsicherheit verbleiben, da die
Erhebungseinheiten nur zu oft die gewünschte Differenzie-
rung und Quantifizierung ihrer Leistungsströme mangelhaft
oder falsch angeben.

Insofern dürfte die empirische Anwendung der I-O-Analyse
in Entwicklungsländern zumeist an diesen Mängeln scheitern.
Dennoch bleibt diese Methode prädestiniert, um die lei-
stungsmäßige Verflechtung von Wachstumspolen zu erfassen;
denn eine erfolgreiche raumwirtschaftliche Planung ist

---

1) Die Ermittlung derivater Daten ist nicht nur wissenschaftlich äußerst umstritten,
    sondern auch deren Ergebnisse zeigen in einem Vergleich mit den originär gewonnenen
    Daten z.T. große Abweichungen. Daher wird für die weitere Diskussion der I-O-Modelle
    die derivate Methode abgelehnt. Zur Problematik der derivativen Ermittlung von
    regionalen I-O-Tabellen siehe das grundlegende Werk von: G. STRASSERT, Möglichkei-
    ten und Grenzen der Erstellung und Auswertung regionaler Input-Output-Tabellen
    unter besonderer Berücksichtigung der derivativen Methode, in: J.H. MÜLLER und T.
    DAMS (Hrsg.), Schriften zu Regional- und Verkehrsproblemen in Industrie- und Ent-
    wicklungsländern, Bd. 2, Berlin 1968. Vgl. Auch M. BAHLBURG, Regionale und multi-
    regionale Input-Output-Rechnung, in: AKADEMIE FÜR RAUMFORSCHUNG UND LANDESPLANUNG
    (Hrsg.), Methoden der empirischen Regionalforschung (2. Teil), Bd. 105, Hannover
    1975, S. 69 f. sowie die theoretischen Überlegungen von F. SNICKARS, Construction
    of interregional input-output tables by efficient information addition,   in:
    C.P.A. BARTELS und R.H. KETELLAPPER (eds.), Exploratory and explanatory statistical
    analysis of spatial data, Boston, Den Haag, London 1979, insbesondere S. 87 ff.

ohne Kenntnisse der Wirtschaftsbeziehung nicht denkbar.[1]
Für die Bewertung der Wachstumsdynamik eignen sich insbesondere Produktionskoeffizienten, und für die Berechnung der Tiefenwirkung von Impulsen sind Einkommens- resp. Beschäftigungsmultiplikatoren ein wichtiges Hilfsmittel. Die Ermittlung dieser Größen stützt sich wiederum auf entsprechende I-O-Matrizen.

Die Evaluierung von Entwicklungsprojekten wie auch die Standortwahl bei Investitionsvorhaben bedingen eine vorherige Untersuchung bereits bestehender Verflechtungsbeziehungen. Für die Lösung eines solchen Fragenkreises bietet sich die Industriekomplex-Analyse an.

---

1) Vgl. W.H. MIERNYK, Regional and Interregional Input-Output Models: A Reappraisal, in: M. PERLMAN, C.J. LEVEN, B. CHINITZ(eds.), Spatial, Regional and Population Economics, New York, Belfast 1972, S. 263-292; W. LEONTIEF, A. STROUT, Multiregional Input-Output Analysis, in: T. BARNA (ed.), Interdependence and Economic Development, New York 1963, S. 119-150.
ALBRECHT weist in diesem Zusammenhang auf die mangelnde wissenschaftliche Diskussion des Flexibilitätsansatzes im Rahmen der Regionalanalyse hin. Für die Berechnung des Flexibilitätsansatzes werden die Input-Daten der I-O-Tabelle herangezogen. Derjenige Sektor, auf dessen induzierte Outputsteigerung (der anderen Sektoren) der gesamte Produktionsbereich der Region am flexibelsten reagiert, kann dann ermittelt werden. Eine solche Betrachtungsweise ist auch für einen Pol durchführbar. Allerdings kann das theoretische Ergebnis möglicherweise empirischen Beobachtungen widersprechen. Daher empfiehlt es sich, den Flexibilitätsansatz nur in Verbindung mit anderen Modellen resp. Methoden anzuwenden. Vgl. K.-H. ALBRECHT, a.a.O., S. 23-25.
Aufgrund häufig überalterter I-O-Tabellen in Entwicklungsländern bietet sich eine Prognose resp. Fortschreibung der Matrizen an, um sie zu Planungszwecken verwenden zu können. Die Darstellung eines solchen Verfahrens ist behandelt von: V. TIMMERMANN, E. SCHOLING, H. SCHNELL und H. MEWES, Prognose von Produktionsstrukturen in Entwicklungsländern, in: SOZIALÖKONOMISCHES SEMINAR DER UNIVERSITÄT HAMBURG (Hrsg.), Beiträge zur Wirtschaftsforschung, Diskussionspapier Nr. 50, Hamburg 1982.
Da der technische Fortschritt nicht als konstant unterstellt werden kann, bleibt hier das methodische Problem zu lösen.

Ein Industriekomplex erfaßt einen Bereich enger techni-
scher, marktmäßiger und standörtlicher Interdependenzen
und Komplementarität.[1] Die Interdependenzen werden in
einer I-O-Tabelle erfaßt und zusätzlich aus empirisch
ermittelten Funktionen (nichtlineare Beziehungen des
Kostenkomplexes) abgeleitet. Die Standortwahl eines neu
anzusiedelnden Betriebes wird auch von solchen bereits
bestehenden Industriekomplexen und den daraus entstehenden
Vorteilen der Agglomeration entscheidend beeinflußt.

Die Industriekomplex-Analyse basiert auf wesentlichen
Gedanken des Wachstumspolkonzeptes, wie insbesondere dem
der motorischen Einheiten; zusätzlich werden zeitliche und
räumliche Aspekte einbezogen.[2] Theoretisch gesehen eignet
sie sich für vergleichende Untersuchungen bestehender In-
dustriekomplexe sowie für die Planung von Projekten (Standortanalyse und Kostenvergleich alternativer Projekte).
Für unsere Zwecke einer empirischen Überprüfung scheidet
diese Analysemethode jedoch aus, da lediglich die Attraktivität, d.h. die Agglomerationswirkung eines Pols, bestimmt werden kann. Darüber hinaus ist das dafür erforder-
liche Datenmaterial in Entwicklungsländern - wenn überhaupt
möglich - nur mit erheblichem Aufwand zu erheben. Daher
wird auf eine weitere Betrachtung dieser Methode verzichtet.

---

1) Zur Definition des Begriffes siehe E. LAUSCHMANN, a.a.O., S. 233 ff. Soll die Industriekomplex-Analyse der optimalen Standortfindung für einen neu anzusiedelnden
   Komplex (resp. Einzelbetrieb) dienen, so läuft dieser Prozeß nach MÜLLER in vier
   Grundschritten ab, wobei erst in der dritten Phase die Verflechtungszusammenhänge
   untersucht werden (I-O-Matrix); vgl. J.H. MÜLLER, a.a.O., S. 158 ff.

2) Die Einordnung dieses Ansatzes in das Wachstumspolkonzept diskutiert I. SCHILLING-
   KALETSCH, a.a.O., S. 59-63. Die formale Darstellung eines 'inter-industry comparison'
   bringt K. PORWIT, Regional Models and Economic Planning, in: Regional Disaggrega-
   tion of national politics and plans, Paris 1975, S. 59-82. Unter anderem verknüpft
   PORWIT die Industriekomplex-Analyse mit dem Gedanken des Export-Basis-Ansatzes.
   Auch weist er explizit auf die Problematik der Datenbereitstellung hin (S. 81).

2.2.2.7. Export-Basis-Modell

Alle Export-Basis-Modelle bemessen die Wirtschaftskraft einer Region nach dem Anteil der von der Region exportierten Güter. Dazu werden die Güter- und Leistungsströme der Region aufgeteilt in den einen Teil, der zur Befriedigung der heimischen Nachfrage dient, und in den anderen Teil, der aus der Region ausgeführt wird. Die Wachstumsdynamik einer Region läßt sich über die Expansion des Exportsektors (Multiplikatoreffekt) steuern. Somit ist die methodische Umsetzung des 'export-base'-Gedankens auf einfache Formen regionaler Input-Output-Verfahren beschränkt.

Für unsere Zwecke wird auf eine Betrachtung des Wachstumspols als Untersuchungseinheit abgestellt. Basierend auf der Kreislaufidee[1] des Modells kann unter Anwendung der Multiplikatorenanalyse eine formale Ableitung durchgeführt werden.

Das Einkommen Y des Pols j ist die Summe aus dem durch Exportaktivitäten (Basis-Produktion) erwirtschafteten Einkommen Y_{EX} und dem durch die Befriedigung lokaler Nachfrage (Nicht-Basis-Produktion) geschaffenen Einkommen Y_L, also

(1) $\qquad Y_j = Y_{EX} + Y_L$

Durch verstärkte Ausfuhren erhöht sich das Exporteinkommen, welches zusätzliche Nachfrage nach Gütern im Pol auslöst. Wird mit k die marginale Konsumquote im Pol bezeichnet, so gilt bei Anwendung der Multiplikatorformel und exogen vorgegebenem Exporteinkommen die Gleichung:

(2) $\qquad Y_L = Y_{EX} \left((\frac{1}{1-k}) - 1 \right)$

---

1) Einkommenskreislauf in einem statischen "Ein-Pol-Modell".

Durch Einsetzen der Gleichung (2) in Gleichung (1) ergibt sich

(3) $\quad Y_j = Y_{EX} \cdot (\frac{1}{1-k})$

$(\frac{1}{1-k})$ wird als Multiplikator bezeichnet.[1]

Wird nun die marginale Konsumquote k konstant gesetzt, so steigt das Einkommen im Pol Y_j proportional zur Erhöhung des Exporteinkommen Y_{EX}. Somit ergibt sich die funktionale Beziehung:[2]

(4) $\quad Y_j = f (Y_{EX})$

Für die empirische Untersuchung der Einkommensentstehung ist in 'non basic'-Aktivitäten (Nicht-Basis-Produktion für lokale Nachfragebefriedigung) und 'basic'-Aktivitäten (Basis-Produktion für Exportnachfragebefriedigung) aufzuteilen. Solche exakten Zuordnungen sowie die Erhebungen entsprechender Daten sind, wenn überhaupt in Entwicklungsländern durchführbar, äußerst problematisch. Daher werden in den wenigen empirischen Anwendungsversuchen aus statistischen Gründen zumeist Beschäftigtenzahlen verwendet.[3]

Häufig werden Wachstumsindustrien nur in Verbindung mit einem hohen Exportanteil gesehen. Im Umkehrschluß müßte theoretisch die wirtschaftliche Entwicklung eines Pols dann gleich Null sein (gemäß Gleichung (4)[4], wenn er ausschließ-

---

1) Dieser Multiplikator kann prinzipiell in Analogie zu dem Außenhandelsmultiplikator gesehen werden.

2) Diese Vorgehensweise kann u.U. zu erheblichen Abweichungen führen; K. RITTENBRUCH, Zur Anwendbarkeit der Exportbasiskonzepte im Rahmen von Regionalstudien, in: J.H. MÜLLER und T. DAMS (Hrsg.), Schriften zu Regional- und Verkehrsproblemen in Industrie- und Entwicklungsländern, Bd. 4, Berlin 1968, S. 44.

3) MÜLLER weist nach, daß die These von der zeitlichen Konstanz des Verhältnisses $(\frac{Y_{EX}}{Y_j})$ nicht haltbar ist, da es stets einen Kreislauf innerhalb des Pols gibt, der zu einer lokalen Einkommensentstehung ohne gleichzeitige Exporte führen kann. Vgl. J.H. MÜLLER, a.a.O., S. 132 f.

4) Nur Exportaktivitäten führen zu primärer Einkommensbildung. Voraussetzung ist ferner, daß die Funktion $f(Y_{EX})$ durch den Nullpunkt geht.

lich Selbstversorgung betreibt, also keine Güter über seine Grenzen aus- oder einführt. Diese Aussage läßt sich in der Empirie nicht halten.

Dennoch wird für die Wachstumspolstrategien in Entwicklungsländern häufig auf die Kernthese des Export-Basis-Modells zurückgegriffen, wenn Pole mit hoher Exportaktivität gefördert werden sollen. Dieser These folgend steigt die Wirtschaftskraft und damit die Fähigkeit des Impulsgebens eines Pols mit dem Grad seiner Exporttätigkeit. Beispiele für eine entsprechende Regionalpolitik sind die ausschließlich von Rohstoffgewinnung und -export lebenden Städte (z.B. die Diamantmine von Orapa und das Kupfer-Nickel-Bergbauprojekt in Selebi-Phikwe, Botswana). Nicht selten erweisen sich solche Pole aber als Enklaven, deren Impulse - soweit überhaupt vorhanden - mehr auf die Zahlungsbilanz als im Pol selbst oder im Umland wirken. Im allgemeinen sind die Städte ohne das jeweilige Projekt nicht überlebensfähig.Daher erscheint die Überlegung, die 'basic-nonbasic'- Rate als Maßgröße für die Impulsstärke zu definieren, äußerst fragwürdig und ist nicht weiter zu verfolgen.

Das Export-Basis-Modell läßt sich weitgehend nur mittels der I-O-Analyseverfahren operationalisieren. Mithin treffen alle Kritikpunkte zum I-O-Modell indirekt auch für die Eignung des Export-Basis-Modells zu. Letzteres kann demnach nur zur Untersuchung der sektoralen   Wirtschaftsstruktur und der Exportstruktur eines Pols eingesetzt werden, um u.a. exportträchtige Branchen zu identifizieren.[1] Räumliche Ausstrahlungen der Impulse werden direkt nicht erfaßt.[2]

---

1) Die Untersuchung von Wachstumseffekten aus dem Exportsektor führt SALHANI-MAAT durch, indem er diese mit Hilfe der 'Export-Led-Growth'-Modelle ableitet und bewertet. Vgl. I. SALHANI-MAAT, Zur Problematik der 'Export-Led-Growth'-Modelle als Erklärungsansatz für das wirtschaftliche Wachstum in Entwicklungsländern, Diss. Gießen 1978, S. 30 ff. zur Darstellung der Modelle.

2) Siehe hierzu auch das Ergebnis der kritischen Untersuchung von K. RITTENBRUCH, a.a.O., welcher die Anwendung von Export-Basis-Konzepten als Analyse- und Prognoseinstrument ablehnt.
Eine methodische Weiterentwicklung des Export-Basis-Ansatzes ist das sogenannte Tragfähigkeitskonzept, welches von ISENBERG eingebracht wurde. Eine kritische Würdigung mit der sehr eingeschränkten Empfehlung für Prognosezwecke gibt J.H. MÜLLER, a.a.O., S. 133-136.

2.2.2.8.   Kosten-Nutzen-Analyse und Nutzwertanalyse

Zum Abschluß unserer Diskussion über die Eignung modelltheo-
retischer Ansätze zur Erfassung oder gar Bewertung von
Impulsen und ihrer räumlichen Ausstrahlung wird auf zwei
ursprünglich wirtschaftswissenschaftliche Methoden eingegangen. Dabei steht die Quantifizierbarkeit des Nutzens ,
also der positiven Impulse resp. ihrer Wirkungen, im
Vordergrund.

Die Kosten-Nutzen-Analyse ('cost-benefit analysis') wurde
zunächst zur Planung von Projekten und öffentlichen Investitionsvorhaben entwickelt. Analog zu der betriebswirt-
schaftlichen Investitionsrechnung werden dabei Kosten
('costs') und Erträge ('benefits') gegenübergestellt.[1] Für
die Untersuchung von Wachstumspolen sind in die entsprechenden Analysen auch externe Kosten und Erträge einzubeziehen,
sofern sie sich sinnvoll und wissenschaftlich haltbar
quantifizieren lassen. Im Rahmen einer Regionalplanung,
insbesondere, wenn sie eine Wachstumspolstrategie verfolgt,
lassen sich positive Impulse als 'benefits' aus Planungsalternativen herausfiltern. In gleicher Weise werden öffentliche Förderungsprogramme im Hinblick auf den "größtmögli-

---

1) DHEUS erläutert hierzu formal die finanzmathematischen Methoden

   1. Verhältnismethode,   2. Kapitalwertmethode,
   3. Annuitätenmethode und   4. Interne Zinsfußmethode.

Der Autor geht ferner auf die Problematik der Erfassung und Quantifizierbarkeit von
Nutzwerten sowie der Berücksichtigung qualitativer Kosten und Nutzen ein. Vgl. E.
DHEUS, Die Kosten-Nutzen-Analyse, in: AKADEMIE FÜR RAUMFORSCHUNG UND LANDESPLA-
NUNG(Hrsg.), Methoden der empirischen Regionalforschung (1. Teil), Bd. 87, Hannover
1973, S. 161-172.

chen Nutzen" geprüft.[1] Bereits bestehende (Groß-)Projekte
bzw. Wachstumspole können gleichfalls anhand der Methode
ex-post beurteilt werden, inwieweit sie einen "Nettonutzen"
zum einen für das Umland und zum anderen für die Gesamtwirtschaft erbracht haben.[2] Insofern eignet sich die 'cost-
benefit'-Analyse als Methode für eine Erfolgskontrolle bei
regional- und gesamtwirtschaftlichen Maßnahmen.

Jedoch sind für die empirische Anwendung in Entwicklungsländern z.T. erhebliche Einschränkungen hinzunehmen, denn
"die Mängel der Analyse liegen vorwiegend in den hohen
Anforderungen an das Ausgangsmaterial, die in der Regel
nur schwer zu erfüllen sind, und in der Gefahr, daß subjek-
tive Wertungen einzelner Effekte sich bei Projektvergleic-
hen negativ auswirken".[3] Allerdings schließt DHEUS
seine Kritik mit der Feststellung, daß in seinen Augen zur
Zeit keine bessere Methode zur Projektselektion verfügbar
sei.

---

1) Die Kontroverse in der wissenschaftlichen Diskussion um die empirische Anwendbarkeit
   der 'cost-benefit'-Analyse ist in einer Pilotstudie über die Bewertung verschiedener
   Strategien für ein öffentliches Projekt eingehend behandelt worden. Neben der Berücksichtigung von regionalen Verteilungszielen in der Kosten-Nutzen-Untersuchung wird
   die Berechnung regionaler Einkommenseffekte durchgeführt (drei Verfahren: 1.
   Interregionaler Handelsmultiplikator, 2. Nettowertschöpfungsansatz und 3. Be-
   schäftigungsansatz). Vgl. PLANCO CONSULTING GESELLSCHAFT mbH, Nutzen-Kosten-Untersuchung für die Verbesserung der seewärtigen Zufahrt und den Ausbau des Emder Hafens,
   -Pilotstudie -, Hamburg, Essen 1976, S. 23-71 und S. 182-205.

2) Eine Abänderung des Grundgedankens der "Projektbewertung" in der 'cost-benefit'-Ana-
   lyse ist dahingehend möglich, daß eine ganze Region untersucht wird. Verschiedene
   Ziele für die Entwicklung der Regionalstruktur werden unter Berücksichtigung allge-
   mein politischer Ziele und der Verfügbarkeit der entsprechenden Instrumente zu
   Durchsetzung analysiert. Berechnet werden die zusätzlichen Kosten und Nutzen, die
   mit alternativen Entwicklungsstrategien verbunden sind. Vgl. G. NAGEL, P. TREUNER,
   M. WADEHN, Cost-Benefit Analysis of Alternative Regional Structures, in: R.
   FUNCK, J.B. PARR (ed.), the analysis of regional structure: essays in honour of
   August Lösch, Karlsruhe papers in regional science 2, London 1978, S. 35-52.

3) E. DHEUS, a.a.O., S. 172.

Die Nutzwertanalyse dient zur Bewertung von Handlungsmöglichkeiten gemessen an einem Bündel von Zielsetzungen.[1] Mit dieser Methode wird der Weg eröffnet, Ziele zu definieren und z.B. ein Bewertungsschema für den Grad der Zielerfüllung einzelner Alternativen zu erstellen. Damit ist es möglich, gewünschte Impulswirkungen als Ziele zu setzen und danach (regionalpolitische) Wachstumspolstrategien zu bewerten. Insofern ist die Nutzwertanalyse einzigartig, da sie rekursiv vorgeht, indem diejenigen regionalwirtschaftlichen Planungsstrategien und -maßnahmen gesucht werden, die einen möglichst hohen Zielerreichungsgrad aufweisen, also für die Erreichung des gewünschten Soll-Zustandes eingesetzt werden können. Darin liegt der entscheidende Vorteil dieses Verfahrens gegenüber allen anderen. Nicht der Impulsgeber ist Ansatzpunkt einer Untersuchung, sondern der "Nutznießer" als Empfänger positiver Impulse setzt mit seinen Zielvorgaben die Maxime, nach der Entscheidungsalternativen zu evaluieren sind. Eine solche Vorgehensweise berücksichtigt implizit alle Verstärkungen und auch Hindernisse, die bei der Übertragung und räumlichen Ausbreitung von Impulsen auftreten können.

Wie die Kosten-Nutzen-Untersuchung eignet sich die Nutzwertanalyse sowohl für Planungs- wie auch Erfolgskontrollzwecke.[2]

---

1) Vgl. G. STRASSERT, Nutzwertanalyse, in: AKADEMIE FÜR RAUMFORSCHUNG UND LANDESPLANUNG (Hrsg.), Methoden der empirischen Regionalforschung (1. Teil), Bd. 87, Hannover 1973, S. 147-160.

2) Siehe die tabellarische Zusammenstellung der Eignung von Kosten-Nutzen-Analyse und Nutzwert-Analyse für eine Bewertung von Wachstumspolen (einschließlich der Kritikpunkte) im Anhang, Tabelle A 1. Die Form der Kosten-Wirksamkeits-Analyse sei der Vollständigkeit halber erwähnt. Siehe hierzu U. MEYKE, Cost-Effectiveness-Analysis als Planungsinstrument, Göttingen 1973.

2.2.3. Eignung von empirischen Analysemethoden für die Erfassung und die Bewertung von Wachstumspolen hinsichtlich Impulsgebung, -übertragung und -wirkung

Die Diskussion der Analysemethoden offenbart teilweise starke Einschränkungen in den Möglichkeiten der Bewertung von Wachstumspolen. Dennoch ist eine jede Methode dahingehend zu prüfen, inwieweit sich der jeweilige Methodenansatz für eine empirische Anwendung empfiehlt (siehe Tabelle A 2 im Anhang).

Die einzelnen Kriterien sind nicht allein auf die Frage der Impulsbewertung abgestellt. Ebenso wird die "Benutzerfreundlichkeit" (z.B. Existenz von Formeln und/oder mathematischen Berechnungsverfahren, relativ geringer rechnerischer Aufwand sowie auch eine gesicherte Verfügbarkeit der benötigten Daten) und auch die Umsetzbarkeit in die Bildung von regionalplanerischen Instrumenten gefordert. Dieses bedingt wiederum die Eignung von Prognosen und Zwecke der Erfolgskontrolle für eine raumwirtschaftliche Planung.

Den genannten Anforderungen werden am ehesten Gravitations- und Potentialmodelle sowie die Nutzwert- und Kosten-Nutzen-Analyse gerecht (vgl. Tabelle 5). Berechnungen jedweder Art lassen sich allerdings nur dann sinnvoll anstellen, wenn die dazu notwendigen Daten verfügbar sind.[1] Die SHIFT-Analyse und der Potentialfaktorenansatz erfordern zudem Angaben, die für Wachstumspole größtenteils nur über gesonderte Erhebungen zu gewinnen sind. Ähnliches gilt für die Export-Basis- und I-O-Modelle sowie die Nutzwert- und Kosten-Nutzen-Analyse. Dagegen können die amtlichen Statistiken von Entwicklungsländern das Datenmaterial für Be-

---

1) Auf die Schwierigkeiten, die sich damit in Entwicklungsländern ergeben können, wurde bereits eingegangen.

Tabelle 5: EIGNUNG AUSGEWÄHLTER EMPIRISCHER ANALYSEMETHODEN ZUR BEWERTUNG UND PLANUNG VON WACHSTUMSPOLEN (IMPULSGEBUNG, -ÜBERTRAGUNG UND -WIRKUNG)

	Regionale Kennziffern-methode	Methode der Bestimmung zentraler Orte	Shift-Analyse	Standort-katalog	Potential-faktoren-Analyse	Gravitations-modelle	Potential-modelle	Input-Output-Modelle	Export-Basis-Modell	Kosten-Nutzen-Analyse	Nutzwert-Analyse
Formel	(+)	(-)	+	-	+	+	+	(+)	+	+	(+)
Mathematische Berechnungsmethode (vorhanden)	+	+	+	(-)	+	+	+	+	+	+	+
rechnerischer Aufwand	-	(-)	-	-	+	(+)	+	+	+	+	+
Identifikation von Wachstumspolen	(-)	+	+	(+)	+	+	+	+	+	+	+
Bewertung der Impulsgebung	+	+	(-)	(+)	(-)	+	+	(+)	(+)	+	+
Erfassung der Ausbreitung der Impulse	(-)	+	-	-	-	+	(+)	(-)	-	+	+
Bewertung der Impulswirkung	(-)	(+)	-	(-)	(-)	+	(+)	(+)	-	+	+[a]
Erfassung der Interdependenzen zwischen											
- Pol und Umland	(-)	+	-	-	(-)	(+)	(+)	+	-	+	+
- zwei oder mehr Polen	(-)	(+)	-	-	(-)	+	+	+	-	(+)	(-)
- Pol und Gesamtwirtschaft resp. Staat	(-)	-	-	-	-	-	+	+	-	+	(+)
Engpaßidentifikation	-	+	(-)	+	+	(+)	(-)	(-)	(-)	+	+
Möglichkeit der Instrumentenbildung für											
- Regionalplanung	(+)	+	+	+	(-)	+	+	(-)	(+)	+	+
- Erfolgskontrolle	(+)	+	+	+	-	(+)	(+)	(-)	(+)	+	+
Eignung für Prognose	(-)	+	+	(+)	-	(+)	(-)	(-)	(+)	+	+
Kombinationsfähigkeit mit anderen Modellen	+	+	+	+	+	+	+	+	(+)	+	+
Wenn statisch, Dynamisierung möglich?	-	(-)	(-)	-	(-)	+	+	(-)	(-)	+	+
Verfügbarkeit der benötigten Daten	+	(+)	(-)	+	(-)	(+)	(+)	(-)	(-)	(+)	(-)
methodische Mängel	-	-	+	-	+	(-)	(-)	(-)	+	(-)	(-)

+ bejaht, hoch ;   - verneint, niedrig ; ( ) mit Einschränkungen

a Impulswirkung als Ziel gesetzt und definiert.

Quelle: Entwurf S. BRANDIS, Zusammenfassung einer separaten Auswertung
gemäß Tabelle A 2   im Anhang .

rechnunqen von Kennziffern und Zentralen Orten ebenso bereitstellen wie für die Aufstellung von Standortkatalogen.

Die Potentialfaktorenanalyse zeigt sich in dem allgemeinen Vergleich als die ungeeignetste Methode, welche außer den methodischen Mängeln auch nur einen engen Anwendungsbereich (Produktionsplanung) aufweist.

Ausgehend von der generellen Untersuchung sind die Analysemethoden nunmehr auf das Interaktionsmodell (Diagramm 1) zu projizieren. Die Parameter der wirtschaftlichen Entwicklung im Pol sind dort zusammengestellt. Die Erfassung und Bewertung der entsprechenden Maßnahmen und/oder Entwicklungen geben zunächst Aufschluß über Art und Stärke der Impulsauslösung.[1] Räumliche Aspekte bleiben dabei vorerst ausgeklammert.

Die aufgezeigten Parameter lassen sich alle mit Hilfe von Kennziffern erfassen, während ein Großteil der restlichen Methoden nur selektiv einzusetzen ist (Tabelle 6).[2] Die Potentialfaktorenanalyse erweist sich wiederum als wenig praktikabel, da sie nur für produktionsplanerische Aufgaben innerhalb des Pols eingesetzt werden kann. Lediglich für die Bestimmung der Rangfolge zentraler Einrichtungen ist es erforderlich, deren Ausbreitung anhand der jeweiligen Einzugsbereiche zu erfassen. Gravitations- und Potentialmodelle sind explizit auf die Berücksichtigung der Distanz ausgerichtet. Daher finden sie keine Anwendung in einer polbezogenen Betrachtung der Impulsauslösung. Lediglich der Parameter 'Nachfragebefriedigung des Umlandes im Pol'

---

1) Unterstellt wird, daß der wirtschaftliche Wachstumsprozeß im Pol weitgehend impulsauslösenden Charakter hat.

2) Die Nutzwert- und Kosten-Nutzen-Analyse lassen sich zu der Bewertung eines jeden Parameters heranziehen. Beschränkungen in der empirischen Anwendung können sich lediglich über die Beantwortung der Frage "Ist es überhaupt sinnvoll?" ergeben.

Tabelle 6: ZUSAMMENSTELLUNG DER GEEIGNETSTEN EMPIRISCHEN ANALYSEMETHODEN ZUR BEWERTUNG DER ENTWICKLUNG UND DES WIRTSCHAFTLICHEN WACHSTUMS IM POL

Maßnahme(n) und/oder Entwicklung im Pol	empirische Analysemethode[a]
Standortausstatt.	Standortkatalog, Kennziffern
(überdurchschn.) Kapitalrentabilit.	Kennziffern
Arbeitskräfte- potential	Kennziffern,(Standortkatalog)
Ausbildung	Kennziffern,Standortkatalog
öffentl. Industrie- projekte (Invest.)	Kennziffern
Infrastruktur und öffentliche Einrichtungen	Standortkatalog, Methode der Bestimmung zentraler Orte, Kennziff.
Investition (Produktion)	Kennziffern, Shift-Analyse, I-O-Analyse, Export-Basis-Modell, Potentialfaktorenanalyse
Investitionsgüter- nachfrage	Kennziffern, Shift-Analyse, I-O-Analyse, Export-Basis-Modell, Potentialfaktorenanalyse
Beschäftigung und Bevölkerung	Kennziffern, Shift-Analyse, Export-Basis-Modell
Einkommen	Kennziffern, Shift-Analyse, Export-Basis-Modell, I-O-Analyse
Sparkapital	Kennziffern, (Standortkatalog)
Nachfrage nach Gütern und Dienst- leistungen	Kennziffern, (begrenzt: Methode der Bestimmung zentraler Orte, Standortkatalog)
Nachfragebefriedi- gung des Umlandes im Pol	Kennziffern, Methode der Bestimmung zentraler Orte, (I-O-Analyse)
Finanzielle Basis des Pols	Kennziffern, Standortkatalog
Export in das Ausland	Kennziffern, I-O-Analyse, (Export-Basis-Modell), Shift-Analyse

a Die Kosten-Nutzen-Analyse und die Nutzwert-Analyse lassen sich zur Bewertung aller Maßnahmen und/oder Entwicklungen im Pol heranziehen (quantitativ und/ oder qualitativ)
( ) weniger geeignet

Quelle: Entwurf S. BRANDIS; vgl. Tabelle 5, Diagramm 1.

ist gesondert zu sehen. Auch wenn er als Impulswirkung gemessen wird, so sind die von dem Angebot an Gütern und Dienstleistungen ausgelösten Kaufimpulse implizit in dem Meßergebnis berücksichtigt. Allerdings sinkt der Grad der Attraktivität - indirekt also die Stärke der Impulskraft - mit wachsender Entfernung zum Pol. Somit ist bei einer Quantifizierung des Umfangs der Nachfrage des Umlandes im Pol die Distanzvariable bereits eingegangen. Methodisch nachvollziehbar wäre dieses mittels eines Gravitationsansatzes unter Verwendung von Transportkostenfunktionen.

Die vom Pol ausstrahlenden Impulse müssen mit Hilfe eines Mediums übertragen werden. Dieses können Kapital, Güter, Personen sowie Innovations- und Kommunikationsträger sein. Die Flußrichtung geht sowohl vom Pol weg hin zum Umland, zu anderen Polen und der Gesamtwirtschaft (Staat) als auch von diesen wieder zurück zum Pol. So wird der von dem Arbeitskräftebedarf des Pols ausgehende Impuls mittels der Kommunikation (gedruckt, handschriftlich, (fern-)mündlich etc.) in das Umland weitergeleitet. Die Wirkung ist eine Abwanderung resp. Migration hin zum Pol.

Die empirischen Analysemethoden sind bezüglich der Anwendungsmöglichkeiten zur Bewertung der im Interaktionsmodell aufgezeigten Parameter zu evaluieren. Berücksichtigt man zusätzlich die räumliche Vierteilung in Pol, Umland, andere Pole und Gesamtwirtschaft (Staat), so ergeben sich Hunderte von Einsatzmöglichkeiten. Diese im einzelnen zu diskutieren, ist hier nicht Aufgabe.

Dennoch wird auf einige wesentliche Möglichkeiten des Einsatzes eingegangen.

Die methodische Erfassung der Pol-Umland-Beziehung ist nur begrenzt möglich. Dabei fallen Potentialfaktorenanalyse, Shift-Analyse und Export-Basis-Modell für eine Anwendung aus. Sie können ex definitione nicht für die Bewertung der Impulsübertragung hinsichtlich Stärke und Reichweite eingesetzt werden, während unter diesem Aspekt eine Kombination mit anderen Methoden – mit Ausnahme des Standortkataloges – möglich ist, um so den räumlichen Bezug herstellen zu können. Nur die I-O-Tabelle oder die Kennziferngebung können den Abgaben- und Steuergeldtransfer vom Pol an den Staat erfassen. Eine entsprechende Tabelle wiese die empirisch nachvollziehbaren Anwendungsmöglichkeiten aus. Es würde allerdings keine Information über den Aussagewert und die Praktikabilität gegeben. Die häufig mangelhafte Datenlage in Entwicklungsländern (insbesondere LLDCs) würde gleichfalls nicht berücksichtigt.[1]

In einem nächsten Schritt sind die im Interaktionsmodell aufgezeigten wirtschaftlichen Entwicklungsabläufe im Pol mit ihren entsprechenden Impulsen auf Umland, andere Pole und Gesamtwirtschaft resp. Staat zu untersuchen. Es werden jene Analysemethoden aufgeführt, die sich für die jeweilige Bewertung der Maßnahmen und/oder Entwicklungen nicht nur anbieten, sondern sich auch für empirische Arbeiten im Sinne einer Regionalplanung in Entwicklungsländern optimal verwenden lassen. Der besseren Übersicht halber sind die verbalen Ausführungen dazu in Form einer Tabelle gefaßt (Tabelle 7).

---

1) Z.B. Veralterung, Ungenauigkeit, Lückenhaftigkeit, fehlerhafte Erhebung etc.

Methodische Erfassung und Bewertung der Impulskraft (Impulsgebung, -übertragung und -wirkung) eines Wachstumspols auf das Umland	Gute Standortbedingungen sowie eine überdurchschnittliche Kapitalrentabilität im Pol bewirken Investitionen. Das benötigte Kapital wird zum Teil dem Umland entzogen, wie auch die für die ansteigende Beschäftigung notwendigen Arbeitskräfte im wesentlichen aus dem Umland in den Pol wandern. Diese beiden - für das Umland negativen - Impulse werden (als Entwicklungsprozeß) mit Hilfe von Kennziffern bewertet. Die Nachfrage des Pols nach Investitionsgütern kann im allgemeinen nicht im Umland gedeckt werden.
	Der mit der Überweisung von Einkommen verbundene Kapitaltransfer läßt sich mittels Kennziffern erfassen. Eine Befriedigung der Nachfrage im Umland, welche mit Pendelbewegungen verbunden ist, kann gleichfalls mit Kennziffern wiedergegeben werden. Die Reichweite der Pendelbewegungen ließe sich mit einem Gravitationsansatz ermitteln. Dieses gilt ebenso für Pendelbewegungen der im Umland ansässigen Bewohner, die ihre Nachfrage im Pol befriedigen oder dort eigene Produkte und Dienstleistungen anbieten. Bei der Bewertung der umländischen Nachfrage kann zusätzlich mit der Methode der Bestimmung zentraler Orte (einschl. Transportkostenfunktionen) gearbeitet werden, um den räumlichen Aspekt zu berücksichtigen.
	Die Berechnung von Einkommensmultiplikatoren setzt zumeist die Erstellung einer I-O-Tabelle voraus. Für eine Pol-Umland-Beziehung ist dieses - insbesondere in Entwicklungsländern - kaum durchführbar. Insofern läßt sich auch der von den Polbewohnern überwiesene Anteil ihres verfügbaren Einkommens hinsichtlich der Multiplikatorwirkung (auf das Wirtschaftswachstum im Umland) nicht quantifizieren. Lediglich eine Aufteilung der Einkommen im Pol in 'konsumptive' und 'investive' Verwendung läßt sich - z.T. auch in geographischer Hinsicht - durchführen.
	Die Abwanderung ausgebildeter Arbeitskräfte in das Umland kann zu einem Innovationstransfer führen, wenn diese Arbeitskräfte in den Produktionsprozeß im Umland eintreten. Die Impulswirkung läge in der Verbesserung bestehender und in der Gründung neuer Betriebe etc. Die Methoden sind nicht verwendbar, da eine funktionale resp. quantifizierbare Beziehung zwischen Migration und zu erwartenden Impulswirkungen nicht aufgestellt werden kann. Der Transfer von Lizenzen und Patenten vom Pol in das Umland dürfte - wenn überhaupt vorhanden - nur sehr schwer erfaßbar sein.
Methodische Erfassung und Bewertung der Impulskraft (Impulsgebung, -übertragung und -wirkung) auf andere Pole	Investition und Produktion im Pol wirken sowohl auf der Nachfrageseite (Investitionsgüter, Vorleistungen etc.) als auch auf der Absatzseite als Impulse auf andere Pole. Erfaßbar wird dieser Prozeß über die Güter- und Leistungsverflechtung im Rahmen einer I-O-Tabelle (in Zeitreihenbetrachtung). Die Berücksichtigung der Distanz wird in der zusätzlichen Anwendung von Gravitations- und Potentialmodellen erreicht.
	Die Migration zwischen Wachstumspolen gleicher Hierarchiestufe dürfte im allgemeinen ausgeglichen sein, sofern es sich nicht um einen neu entstehenden Wachstumspol handelt. Bei Migrationsbewegungen zwischen Polen unterschiedlicher Hierarchiestufen ist eine Abwanderung hin zu den jeweils größeren Zentren zu beobachten. Mit Kennziffern wird diese Entwicklung am ehesten dokumentiert. Bessere Verdienstmöglichkeiten, höhere Lebensqualität aber auch Umzugskosten sind wesentlich im Entscheidungsprozeß.
	Einkommensmultiplikatoren können aus I-O-Tabellen berechnet resp. abgeleitet werden.
	Eine Patent&Lizenz-Bilanz zwischen den Polen erlaubt Rückschlüsse auf den Innovationstransfer. Impulswirkungen lassen sich aber kaum quantifizieren. Als Hilfsgröße könnte die Lieferverflechtung (sektoral gegliedert) dienen und zwar von Investitionsgütern und Vorleistungen in Form von I-O-Tabellen oder von Kennziffern.
	Die Distanz bei der Übertragung von Impulsen spiegeln Transportkostenfunktionen oder Infrastrukturangaben wider. Kommunikationsströme zwischen den Polen geben eine weitere Bewertungsgröße.
	Das Export-Basis-Modell kann (auf den Pol bezogen) das Wachstum berechnen helfen und damit auch die notwendige Nachfrage nach Investitionsgütern und Vorleistungen sowie letztlich auch Konsumgütern bestimmen (Kombination mit I-O-Tabelle).
	Die Shift-Analyse kann nur in einem Vergleich mit anderen Polen die wachstumsstarken Branchen (resp. Standortvorteile) identifizieren, deren Impulse aber nicht erfassen.
Methodische Erfassung und Bewertung der Impulskraft (Staat) und Gesamtwirtschaft	Die Impulse des Pols auf 1. den Staat und 2. die Gesamtwirtschaft sind unterschiedlich: ad 1. Steuern und Abgaben erhöhen die finanzielle Basis des Staates (erfaßbar mit Kennziffern) direkt. Über den Export der im Pol produzierten Güter und Dienstleistungen lassen sich Devisen- und 'roaylty'-Einnahmen erzielen (erfaßbar mit Kennziffern). Der Bedarf des Pols an ausländischen Investitions- und Konsumgütern führt einerseits zu Devisenabflüssen und andererseits zu Zolleinnahmen. ad 2. Wird der genannte Bedarf im Inland gedeckt, so stimuliert dieses das Wachstum der Gesamtwirtschaft (ablesbar in I-O-Tabellen, darstellbar mit Kennziffern). Das Export-Basis-Modell ermöglicht die Berechnung von Impulswirkungen auf die Gesamtwirtschaft bezüglich der Nachfrage nach Investitionsgütern, Vorleistungen sowie auch Konsumgütern. --- Die Nutzwert- und Kosten-Nutzen-Analyse lassen sich für die Erfassung und Bewertung jeglicher Form von Impulsgebung und -wirkung - soweit sinnvoll - verwenden.

Quelle : Entwurf S. BRANDIS ; vgl. Diagramm 1 und Tabelle 5.

2.3. Klassifizierung und Prüfung der Übertragungsmöglichkeiten von Analysemethoden aus empirischen Arbeiten

Die theoretische Eignung empirischer Analysemethoden ist eingehend diskutiert worden. "Die Beurteilung einer Methode verlangt jedoch auch einen Blick auf die Realität, die sie in sprachlichen Aussagen abbilden soll, denn nur so läßt sich der Informationsverarbeitungsprozeß nachvollziehen und damit zumindest ansatzweise überprüfen" [1]. Dieser Forderung Rechnung tragend, ist eine umfangreiche Anzahl empirischer Arbeiten anhand eines Untersuchungsschemas (Tabelle A 3, im Anhang) ausgewertet worden. Der Fragenkatalog deckt sich weitgehend mit demjenigen für die - bislang theoretische - Bewertung der Analysemethoden (vgl. Tabelle A 2, im Anhang).

Die eingangs geforderte "Benutzerfreundlichkeit" i.S. einer Praktikabilität und die Eignung in der Realität spiegeln sich in der Häufigkeit der Anwendungen wider. Allerdings ist immer zu beachten, ob die jeweiligen Untersuchungen auf eigenen empirischen Erhebungen beruhen oder ob sich auf vorhandenes Datenmaterial bezogen wird. Denn gerade die Datenbeschaffung und -aufbereitung sind bedeutende personelle wie finanzielle Faktoren in der Regionalplanung. Daher ist stets von der betrachteten Arbeit zu abstrahieren, um die Übertragbarkeit für Planungszwecke - auch im Sinne einer Instrumentenbildung - bestimmen zu können. Letztlich ist für unsere Belange von Interesse, ob und in welchem Rahmen die jeweilige Vorgehensweise mittels der Verhältnisse in Botswana[2] nachvollzogen werden kann. Da-

---

1) R. LANDWEHR, Zur Verwendung der Faktorenanalyse in der Raumforschung und Raumplanung, in: Raumforschung und Raumordnung, 34. Jg. (1976), Heft 5, S. 208.

2) In diesem Falle wird ausschließlich auf vorhandenes Datenmaterial, größtenteils publiziertes, zurückgegriffen.

Damit läßt sich bereits ein erster Schritt in Richtung des Kriteriums "Allgemeingültigkeit für Entwicklungsländer" vollziehen.

2.3.1. Angewandte Analysemethoden

Die Auswertung der ausgewählten empirischen Berechnungen bestätigt die bislang herausgearbeitete theoretische Anwendbarkeit. So sind im wesentlichen Kennziffern sowie die Methode der zentralen Orte für eine Bewertung regional polarisierten Wachstums herangezogen worden (Abb. 5). Identifikation und Darstellung von Verflechtungsbeziehungen in einer entsprechenden Matrix sind die direkte Form der Erfassung und Lokalisierung von Impulsgebung und -wirkung. Daher wird die I-O-Analyse sehr häufig für entsprechende Bewertungszwecke eingesetzt. Die im Anhang befindliche Auswertung (Tabelle A 4 im Anhang) nennt zudem auch noch die jeweiligen Autoren, um weiterführende oder vergleichende Betrachtungen zu ermöglichen.

Abb. 5: PROZENTUALE ANTEILE DER IN EMPIRISCHEN ARBEITEN ANGEWANDTEN REGIONALEN ANALYSEMETHODEN (in v.H.)[a]

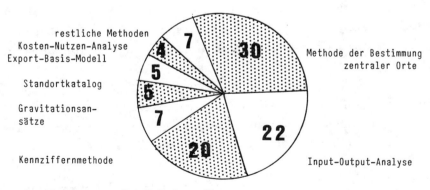

a Anzahl der angewandten Methoden = 83.

Quelle: Entwurf S. BRANDIS, Angaben aus Tabelle A 4 im Anhang.

In den empirischen Arbeiten speziell über Wachstumspole wird von der Mehrzahl der Autoren die Ausstattung der Städte mit zentralörtlichen Funktionen insgesamt oder ausgewählten Einrichtungen als Maßstab für die Bedeutung oder auch als Gradmesser für die Bestimmung der Rangstufe innerhalb eines zentralörtlichen Systems gesetzt. Eine solche Betrachtungsweise sieht nur die durch Nachfragebefriedigung im Pol wachstumsauslösende Wirkung. Daraus indirekt hervorgerufene und wirtschaftliche positive Effekte auf das Umland sind aber nur dann zu erwarten, wenn durch die Wahrnehmung zentralörtlicher Einrichtungen (resp. Funktionen)

- der Gesundheitszustand seiner Bevölkerung verbessert wird,

- Investitionsgüter in das Umland gelangen,

- der Ausbildungsstand seiner Bevölkerung erhöht wird oder

- der Pol als Marktplatz genutzt werden kann.

Die Erfassung der einzelnen Funktionen führen die Autoren fast ausschließlich mit Hilfe der Kennziffernmethode, des Standortkataloges, der Erfassung zentralörtlicher Einrichtungen, in seltenen Fällen auch des Gravitationsansatzes durch.

Allgemein lassen sich die vorliegenden empirischen Untersuchungen von Wachstumspolen - zumeist in Entwicklungsländern - wie folgt zusammenfassen:

- Es wird meist nur eine Analysemethode angewandt (in seltenen Fällen auch die Kombination zweier Methoden);

- Zur Messung von Impulsen werden häufig Ersatzgrößen
  herangezogen. In einem solchen Fall haben die Ergebnisse
  kaum allgemeingültigen Charakter;

- Es gibt bislang keine zusammenfassende Bewertung aller
  wesentlichen Impulse eines Wachstumspols.

2.3.2 Angewandte mathematisch-statistische Verfahren

Für die Bewertung von Wachstumspolen anhand der empirischen
Analysemethoden werden mathematisch-statistische Verfahren
verwandt. Im wesentlichen dienen sie zur Operationalisierung der Methoden und zur Überprüfung wie auch Veranschau-
lichung der Ergebnisse (siehe die Auswertung in Tabelle A
5 im Anhang).

Gravitations- und Potentialmodelle werden in Verbindung
mit - zumeist empirisch ermittelten - Transportkostenfunktionen theoretisch berechnet und mit den realen Werten
korreliert. Zusätzliche räumliche Darstellungen ermöglicht
die Trend-Surface-Analyse. Aus den I-O-Matrizen werden
Multiplikatoren (z.B. Einkommens- und Handelsmultiplikato-
ren) abgeleitet. Die Faktorenanalyse wird häufig für die
Ermittlung und Evaluierung zentralörtlicher Funktionen
herangezogen. Zudem kann sie in Kombination mit der Regres-
sions- und Korrelationsanalyse[1] beispielsweise den
"Zentralitätsgrad" oder den "Entwicklungsstand" eines
Wachstumspols bestimmen helfen.[2]

---

1) Vgl. R.C. TIWARI, A Comparative Analysis of the Functional Structures of Central
   Business Districts in East Africa, in: R. OBHUDO und D.R.F. TAYLOR (eds.), The
   Spatial Structure of Development, Colorado 1979, S. 118 ff.; P. KLEMMER, Die
   Faktorenanalyse im Rahmen der Regionalforschung, a.a.O., S. 9 f.

2) R. LANDWEHR, a.a.O., S. 214, schlägt die Kombination mit der Nutzwertanalyse vor,
   um zielbezogene Gewichtungen von Merkmalen im Rahmen einer Regionalplanung zu ermöglichen.

2.3.3. Bewertung der generellen und speziellen Übertragungsmöglichkeiten für Anwendungszwecke

Die Auswertung der empirischen Arbeiten beinhaltet eine abschließende Bewertung, ob und gegebenenfalls mit welchen Abwandlungen die jeweilige Untersuchungsmethode übertragbar ist. Es wird unterschieden in eine generelle Übertragbarkeit auf Entwicklungsländer allgemein und die spezielle Anwendung[1] anhand der vorliegenden Daten aus Botswana.

Die Zusammenstellung der Autoren nach Eignungsgraden ermöglicht eine Orientierung (Tabelle A 6 im Anhang).[2]

---

1) Diejenigen Autoren, die Botswana selbst zum Gegenstand ihrer Untersuchungen haben, sind in diesem Zusammenhang nicht aufgeführt.

2) Die von den einzelnen Autoren gewählten Analysemethoden, ihre jeweiligen Ergebnisse, Kritiken und methodischen Abwandlungen werden in die abschließende Beurteilung (Kap. 4) und die Ansätze für eine Weiterentwicklung Eingang finden.

2.4. Ansatz für den Entwurf eines Bewertungsschemas

Für Zwecke der Wirtschafts- und Regionalplanung muß die Entwicklung und Wirkung einer Stadt resp. eines Ortes - wie dargestellt im Interaktionsmodell - bewertbar und planbar sein. Die jeweiligen Evaluierungen der Impulsgebung, -übertragung und -wirkung sind daher zu einer abschließenden Beurteilung der Impulskraft eines Wachstumspols zusammenzufassen.

In diesem Zusammenhang ist es denkbar, für die kardinale Bestimmung der Impulskraft einen Indikator oder eine Meßzahl zu entwickeln. Eine solche Art Kennziffer ist aber weder als Planungsgrundlage noch zur Kontrolle wirtschaftspolitischer Maßnahmen geeignet. Sie kann höchstens als grobe Orientierungshilfe für eine erste Identifikation möglicher Wachstumspole dienen. Daher wird davon abgesehen, eine entsprechende Kennziffer zu entwickeln.

Vielmehr sind je nach Aufgabenstellung der Planung Einzelaspekte zu behandeln, wenn es gilt, gezielte Förderungsmaßnahmen durchzuführen. Es ist sinnvoll, dafür die wesentlichen Bewertungskriterien schematisch zusammenzustellen. Ein solches Bewertungsschema hat drei Anforderungen zu genügen, und zwar dient es zur

- Identifikation und Bewertung einer Stadt (eines Ortes) hinsichtlich ihrer allgemeinen Beiträge zur wirtschaftlichen Entwicklung (im Pol, im Umland, in anderen Städten und in der Gesamtwirtschaft) und ihres Potentials (resp. ihrer Wachstumseigenschaften);

- Entscheidungsvorbereitung für wirtschafts- und regionalplanerische Maßnahmen (auch im Sinne einer Instrumentenbildung);

-   Durchführung von Analysen für Kontrollzwecke.

Die erste Anforderung dient der Bestandsaufnahme und allgemeinen Betrachtung des Entwicklungsstandes und der Struktur eines Entwicklungslandes. Diese Informationen und Daten fließen dann in die Ausarbeitung von Alternativen für eine Wirtschafts- und Regionalplanung ein. Aus diesem Grunde ist darauf einzugehen, ob und in welcher Form die jeweiligen empirischen Analysemethoden für den Entwurf realer Strategien eingesetzt und gegebenenfalls instrumentalisiert werden können. Mit Hilfe dieser Methoden sollen beispielsweise Entwicklungschancen herausgearbeitet werden, die durch eine staatliche Förderungspolitik genutzt werden könnten. Dieses gilt gleichermaßen für öffentliche und für private Projekte.

Die Zusammenfassung aller wesentlichen Bewertungskriterien in einem tabellarischen Schema verdeutlicht die verschiedenen Ansätze, die zu einer Erfassung der komplexen Wirtschaftsabläufe notwendig sind (Tabelle 8)[1] Die Praktikabilität wird im Zusammenhang mit der Erklärung und Interpretation der einzelnen Kriterien geprüft (Kap. 3).

---

1) BÖVENTER stellt in Anlehnung an das Modell von RICHARDSON zur Erklärung regionalen Wachstums eine erweiterte Fassung vor. Das Wachstum einer Region ist darin abhängig von einer Vielzahl von Variablen. Er faßt diese Variablen in drei Gruppen zusammen und zwar in die der jeweiligen Wachstumsraten des Einkommens, des Arbeitskräftepotentials und der Investition. Die Spezifikation der Variablen hinsichtlich Größe und Distanz wird teilweise mit regionalen Analysemethoden durchgeführt. So wird beispielsweise der Agglomerationsfaktor mittels eines Gravitationsansatzes und der Strukturfaktor mittels der Shift-Analyse ermittelt. BÖVENTER sieht sein Modell anwendbar für die Erfassung und Bewertung von Standortqualitäten, für Prognosezwecke und für die Bestimmung von Engpässen. Wesentliche Gedanken finden sich in dem Interaktionsmodell wieder. Vgl. E.v. BÖVENTER, Regional Growth Theory, in: Urban Studies, Vol. 12 (1975), S. 1-29. Die methodische Kritik bringt H.W. RICHARDSON, Regional Growth Theory: A reply to von Böventer, in: Urban Studies, Vol. 12 (1975), S. 31-35.

Tabelle 8:   BEWERTUNGSSCHEMA FÜR DIE ABSOLUTE UND RELATIVE WIRTSCHAFTLICHE IMPULSKRAFT
EINER STADT resp. EINES ORTES

Bewertungs-kriterium	Bestand oder Entwicklung (absolut)	Bestand oder Entwicklung im Vergleich (relativ)			zusätzlich zu betrach-tende Daten (abs./rel.)
		überdurchschn.	durchschn.	unterdurchschn.	
Wirtschaftl. Entwicklung					
– Strukturfaktor					
– Standortfaktor (Standortgunst)					
Standortindex					
– Basiskomponenten					
– Strukturkompo-nenten					
Nutzenquotient (Kosten-Nutzen-Werte, Multiplikator)					
Verflechtungsgrad					
Zentralitätsgrad					
Aktivitätsgrad					

Quelle: Entwurf S. BRANDIS.

3. WACHSTUMSPOLE IN BOTSWANA

Soll ein Vergleich mehrerer methodischer Ansätze zur Bewertung regional polarisierten Wachstums erfolgen, so kann dieser nur dann sinnvoll und wissenschaftlich aussage-fähig sein, wenn er sich auf die Verwendung ein und dessel-ben Datenmaterials stützt. Zudem sollte dieses von einem Entwicklungsland gestellt werden, das über eine relativ klare und eindeutig erfaßbare Wirtschaftsstruktur verfügt. Seine Städte sollten sich als Wachstumspole zeigen und jeweils idealtypische Entwicklungsstufen durchlaufen. Je eindeutiger sich das Wirkungsgefüge sowohl der Gesamtwirt-schaft als auch der jeweiligen Pole erfassen läßt, um so genauere und realistischere Ergebnisse können in den Berechnungen erwartet werden. Darüber hinaus wird die Bestimmung der Impulswirkungen nicht nur ex-post, sondern auch ex-ante ermöglicht. Somit wird den Erfordernissen einer Planung auch in dem Sinne einer Instrumentenbildung Rechnung getragen.

Den genannten Anforderungen wird Botswana in hohem Maße gerecht (Abb. 6).

Botswana ist ein Entwicklungsland ungefähr von der Größe Frankreichs. Es grenzt an die Republik Südafrika (Süden und Osten), Namibia/Südwestafrika (Westen) sowie Zambia und Zimbabwe (Norden und Osten). Rund Dreiviertel der knapp eine Million Einwohner leben im Einzugsgebiet des Limpopo-flusses und entlang der einzigen Eisenbahnlinie (Mafeking-Bulawayo, eingleisig, gebaut 1896/97).[1] Diese und insge-samt 8 000 km Straßennetz, von denen nur die Hauptachse (Lobatse-Gaborone-Francistown-Nata) - einschließlich der

---

1) Siehe die geographische Bevölkerungsverteilung in Abb. A 1 im Anhang.

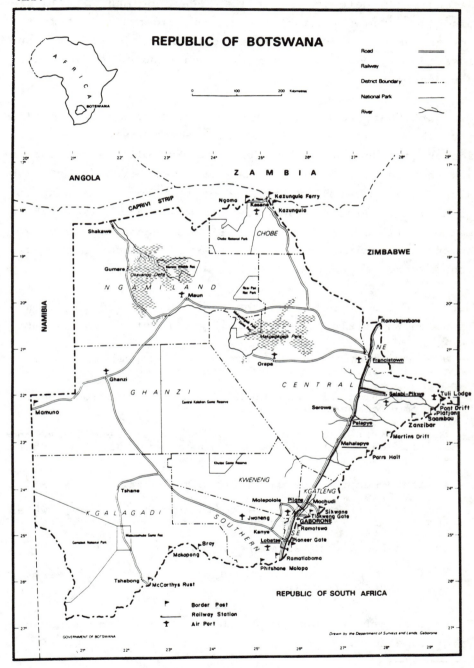

REPUBLIC OF BOTSWANA

Quelle: REPUBLIC OF BOTSWANA, National Development Plan, a.a.O.

Stichstraßen-geteert ist, bilden, da regelmäßige Flugver-
bindungen kaum eingerichtet sind, die eigentliche Verkehrs-
infrastruktur. Aufgrund dieser einfachen Verkehrsstruktur
lasssen sich Verflechtungen zwischen Städten relativ klar
herausarbeiten.

Die wirtschaftliche Entwicklung ist seit Beginn der siebziger Jahre nicht nur durch ein weitgehend stetiges Wachstum,
sondern auch durch tiefgreifende strukturelle Veränderungen
gekennzeichnet . Durch die Expansion des Bergbaus verschob
sich die frühere alleinige Abhängigkeit vom Fleischexport;
doch stellen Produkte der Viehwirtschaft und des Bergbau-
sektors allein rund 85 v.H. (1981) des gesamten Ausfuhrvo-
lumens. Allerdings sind beide Erzeugnisgruppen den Preis-
schwankungen am Weltmarkt voll unterworfen.

Der allgemeine wirtschaftliche Hintergrund wird in dem nationalen Entwicklungsplan 1979/85 wie folgt zusammengefaßt:

"- a small internal market based on a population of less
  than a million with a low average income;

 - fragmentation of this market by low population density
  and poor communications;

 - the remoteness of the country, which is landlocked and
  surrounded by the more developed economies of South
  Afrika and Zimbabwe;

 - an acute shortage of skilles and managerial manpower;

 - lack of infrastructure - communications, power, water
  and serviced land - and the high cost of what exists;

 - lack of local capital market; and

 - lack of strong raw materials base, apart form certain
  agricultural products."

Eine Zusammenstellung ausgewählter Kenndaten Botswanas
zeigt Tabelle 9.

---

1) REPUBLIC OF BOTSWANA, National Development Plan 1979/85, Gaborone 1980, S. 203.
   Vgl. auch die Ausführungen von T.J.D. FAIR, Towards Spatial Development in Southern Africa, Pretoria 1981, S. 4-24.

Tabelle 9   : AUSGEWÄHLTE KENNDATEN VON BOTSWANA

Fläche   581 730 km^2 Geographische Lage   Zwischen 20° und
                                                       30° östlicher
                                                       Länge sowie ca.
Niederschlag durchschnittlich   18° und 27° süd-
              450 mm p.a.   licher Breite

Bevölkerung   936 600 (1981)   Bevölkerungsdichte   1,6 pro km^2

Währung Pula (1 Pula = 2,56 DM) Anzahl von Betrieben   3 992 (1981)
         (1981)

'formal sector'-Beschäftigung   Bruttoinlandsprodukt pro Kopf
1980: 33 400   1979/80: 871,4 Pula

Bruttoinlandsprodukt zu Marktpreisen (in Mill. Pula) und die
jeweiligen Beiträge der Wirtschaftssektoren (in v.H.)

	1968/69		1974/75		1979/80	
Wirtschaft insgesamt	51,2	100,0	208,5	100,0	689,4	100,0
davon:						
- Land- und Forstwirt- schaft	23,2	45,3	61,2	29,4	75,3	10,9
- Bergbau, Steine und Erden	0,2	0,4	18,0	8,6	217,6	31,5
- Verarb. Gewerbe	2,8	5,5	15,5	7,4	29,2	4,2
- Elektrizitäts- und Wasserwirtschaft	0,3	0,6	6,9	3,3	15,0	2,2
- Baugewerbe	1,9	3,7	20,1	9,6	36,4	5,3
- Handel	5,1	10,0	34,3	16,5	157,0	22,8
- Verkehr und Nach- richtenübermittlung	3,4	6,6	7,5	3,6	13,6	2,0
- Sonstige Sektoren	14,3	27,9	45,0	21,6	145,3	21,1

Außenhandelsstruktur von Botswana (in Mill. Pula)

Importe	Nah- rungs- mittel	Brenn- stoffe	Chem. Prod.	Texti- lien	Metall- prod.	Maschi- nen	Trans- port- mittel	Son- stige	Insg.
1973	18,2	6,2	6,9	9,8	19,4	23,8	16,5	22,1	114,9
1977	47,5	25,3	18,8	25,6	22,8	31,3	24,2	44,1	239,6
1981	96,4	82,8	55,7	64,4	81,1	112,6	86,7	110,7	690,3

Exporte	Fleisch und Fleischprod.	Häute u. Felle	Dia- manten	Kupfer-Nik- kel-Matte	Texti- lien	Son- stige	Insg.
1973	30,8	1,6	20,0	-	1,5	5,3	59,2
1977	42,6	3,7	48,4	41,2	6,3	14,7	156,7
1981	63,3	4,6	149,8	83,4	17,1	38,0	356,3

Außenhandelssaldo: 1973: -55,7   1977: -82,9   1981: -334,0

Angaben zur Infrastruktur (1980/81)

Straßennetz (in km)		8 015	Straßennetzdichte		1,4
davon (in v.H.):	- geteert	15,0	(in km pro 100 km^2)		
	- 'gravel'	21,0	Telephonanschlüsse		13 455
	- unbefe- stigt	64,0	Eisenbahnlinie (in km)		714

Inkonsistenzen sind möglich, da die einzelnen Angaben aus unterschiedlichen Quellen sind.

Quelle : Zusammenstellung S. BRANDIS aus verschiedenen Quellen.

Die Entwicklungskonzeption der Regierung ist zweigleisig ausgelegt. Zum einen wird eine Breitenentwicklung angestrebt, indem der landwirtschaftliche Bereich sowie Kleinbetriebe gefördert werden. Zum anderen wird eine Industrialisierung verfolgt, die sich auf den Bau exportorientierter Industrieprojekte stützt.[1]

3.1. Auswahl der regionalen Wachstumspole

Die empirische Überprüfung der theoretisch bereits diskutierten Analysemethoden erfordert sowohl eine typische Ausprägung des zu betrachtenden Wachstumspols als auch die Existenz eines umfassenden und ausreichenden Datenmaterials.

In Botswana sind die Städte Gaborone, Lobatse, Francistown, Selebi-Phikwe, Orapa und Jwaneng offiziell als 'towns' klassifiziert.[2] Dieser Spezifizierung folgend werden nicht selten die allgemeinen Daten je Region nochmals für diese Städte gesondert ausgewiesen.[3] Auch zeigt sich ein jeweils typisches Bild der Stadtentwicklung. Lobatse und Francistown sind relativ alte und weitgehend natürlich gewachsene Städte. Gaborone wurde in den sechziger Jahren als Regierungssitz gegründet und ist danach zu der größten Stadt des Landes expandiert. Die drei Minenstädte Selebi-Phikwe (Kupfer-Nickel), Orapa und Jwaneng (jeweils Diamanten) wurden erst in den siebziger Jahren gegründet (Abb. 7).

---

1) Vgl. B. WEIMER, Unterentwicklung und Abhängigkeit in Botswana, Hamburg 1981, S. 9-16.

2) Die restlichen Orte werden als sogenannte 'villages' eingestuft.

3) An dieser Stelle wird auf die ausführlichen Untersuchungen und Planungen der Industrieansiedlungen, öffentlichen Haushalte und sozioökonomischen Entwicklungen für die Städte Francistown, Gaborone und Lobatse hingewiesen, die durchgeführt wurden vom MINISTRY OF LOCAL GOVERNMENT AND LANDS (MLGL), unveröffentlichte Studie, Gaborone 1983, S. 36-59.

Abb. 7:   BEVÖLKERUNGSENTWICKLUNG IN AUSGEWÄHLTEN STÄDTEN VON BOTSWANA

(absolute Anzahl, von 1971 auf 1981)

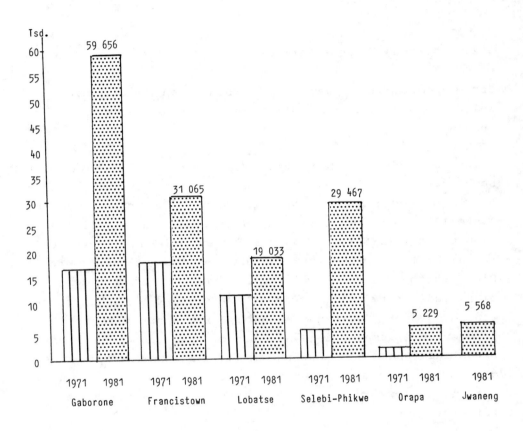

Quelle: Entwurf S. BRANDIS nach Angaben von: REPUBLIC OF BOTSWANA, Population Census
1971 und 1981, a.a.O.

Andere Orte werden nur dann in die nachfolgenden Berechnungen einbezogen, wenn es methodisch erforderlich ist, oder wenn vergleichende Betrachtungen durchgeführt werden sollen.[1]

3.2. Wirtschaftliche Entwicklung der Städte

Der Wachstumsprozeß der zu untersuchenden Städte ist jeweils äußerst unterschiedlich verlaufen (Tabelle A 7 im Anhang).

Gaborone wurde als Hauptstadt von Botswana zu Beginn der sechziger Jahre für eine Einwohnerzahl von 20 000 konzipiert und gebaut. Diese Zahl ist aber mit rund 60 000 im Jahre 1981 weit überschritten worden. Es entstand eine Art Slumgebiet 'Old Naledi', da der Ausbau der Stadtinfrastruktur nicht mit dem Bevölkerungszuzug Schritt halten konnte.[2] Die Funktion der Stadt als Regierungssitz hat den Attraktionsgrad wesentlich gesteigert. Aufgrund des Nachfragepotentials von 60 000 Menschen haben sich eine Reihe von Betrieben des Verarbeitenden Gewerbes und insbesondere des Dienstleistungssektors angesiedelt. Gaborone weist zudem die höchste Anzahl an zentralörtlichen Einrichtungen (u.a. nationale Verwaltung, internationaler Flughafen, Universität etc.) auf.

---

1) Stichwortartige Beschreibungen mit Lageplänen der bedeutenden Orte finden sich in: DEPARTMENT OF TOWN AND REGIONAL PLANNING (DTRP), Draft, Primary Centres of Botswana, unveröffentlichte Studie, Gaborone o.Jg.; ders. Draft, Secondary Centres of Botswana, unveröffentlichte Studie, Gaborone 1979.

2) Vgl. J. BURROW&PARTNERS, Gaborone Growth Study, in: REPUBLIC OF BOTSWANA, MLGL, DTRP (eds.), Gaborone 1978, S. 1-3.

Lobatse wurde um die Jahrhundertwende im Zuge des Eisenbahn-
linienbaues gegründet.[1] Hauptarbeitgeber ist der Schlachthof der Botswana Meat Commission (BMC). Weitere bedeutende
Industrien sind weder anzutreffen noch geplant. Ein wesent-
liches Problem liegt in der Verfügbarkeit von Wasser. Lobatse speist seinen Bedarf aus dem Gaborone Dam, der auch
die Hauptstadt zu versorgen hat. Dessen Kapazität reicht in
trockenen Jahren bereits nicht mehr aus, um den Bedarf beider Städte zu decken. Diese Engpaßsituation wird sich in
Zukunft verschärfen, da nur mit der Erweiterung des bestehenden jedoch keinem Bau eines neuen Wasserreservoirs be-
gonnen ist. Für Lobatse und ebenso für Gaborone liegt daher
hier ein entscheidender Schlüssel für die weitere wirtschaftliche Entwicklung.

Wie Lobatse verfügt auch Francistown über eine längere
Stadtgeschichte. Der Eisenbahnanschluß sowie insbesondere
die Grenzlage zu Zimbabwe haben den Charakter dieser Handelsstadt geprägt. Es finden sich keine größeren Industrie-
komplexe.[2] Die Infrastruktur ist weitgehend entsprechend
der Bevölkerungszunahme ausgebaut worden.[3] Wasser und
Energie sind ausreichend vorhanden (Sashe-Staudamm).

---

1) Im Auftrag der botswanesischen Regierung wurde eine ausführliche Studie erstellt
    von: H. WILSON und L. WOMERSLEY, Lobatse - Planning Proposals, Gaborone 1971;
    für den Entwicklungsstand (1971) siehe S. 18-24 und für die Planungsentwürfe S.
    29-55.

2) Einen umfassenden Bericht über die Planung der weiteren Entwicklung der Stadt
    erstellten: J. BURROW&PARTNERS, Francistown Growth Study, in: REPUBLIC OF
    BOTSWANA, MFDP, MLGL (eds.), Gaborone 1977.

3) Eine Untersuchung der Verflechtung Francistowns mit den umliegenden Orten innerhalb
    des North-East Distrikt (Hierarchiebildung) mit einer Bestimmung der Zentralität
    mittels der Bevölkerungsdichte führte durch R.M.K. SILITSHENA und T.D. GWEBU, Sur-
    vey on Production and Economic/Social Linkages in North-East District, Gaborone
    1981, S. 17 (Hierarchiebildung) und S. 22 ff. (Zentralitätsbestimmung).

Beginnend in 1965 wird in Selebi-Phikwe Kupfer-Nickel-Erz abgebaut und seit November 1973 in der Hütte zu Konzentrat und anschließend zu Kupfer-Nickel-Matte weiterverarbeitet. Die Matte wird ausschließlich exportiert. Ende der sechziger Jahre wurde die Stadt geplant und mit der erforderlichen Infrastruktur ausgestattet.[1] Eine direkte Rückkopplung des Bergbauprojektes auf vorgelagerte Betriebe des Verarbeitenden Gewerbes in der Stadt selbst ist kaum wirksam geworden. Die Bamangwato Concessions Ltd (BCL) beschäftigte 1982 mit 4 307 Mitarbeitern über die Hälfte aller Erwerbstätigen in Selebi-Phikwe.[2]

Mit dem Beginn des Diamantenabbaus entstanden die Städte Orapa (1974/75) und Jwaneng (1978/80).[3] Orapa liegt in der Region 'Central' weitgehend isoliert ohne ein wirtschaftliches Umland. Somit konzentriert sich die Beschäftigung fast allein auf den Bergbaubetrieb. Ähnliches gilt für Jwaneng. Allerdings liegt diese Stadt in einem bevölkerten und wirtschaftlich aktiven Umland. Die gute Verkehrsanbindung ermöglicht enge Verflechtungsbeziehungen mit Kanye, Gaborone, Lobatse und Molepolole.

---

1) Alle relevanten Daten sind zu finden bei: REPUBLIC OF BOTSWANA, Report on the Census of Selebi-Phikwe, Gaborone 1975.

2) Persönliche Auskunft vom 10.11.1982. Es wurden 4 098 inländische und 209 ausländische Arbeitskräfte beschäftigt.

3) Siehe die Ausführungen zu den jeweiligen Entwicklungsstufen von J.M.O. LETSHOLO, The new Towns of Botswana, in: R.R. HITCHCOCK und M.R. SMITH (eds.), Settlements in Botswana, Gaborone 1982, S. 296-301.

3.3.   Anwendung der empirischen Analysemethoden zur Erfas-
        sung und Bewertung von Impulsgebung, -übertragung
        und wirkung

Die Anwendung und Überprüfung der empirischen Methoden anhand der Daten aus Botswana ist beschränkt, weil ausschließlich auf das - weitgehend - publizierte Datenmaterial zurückgegriffen wird. Die Gründe hierfür sind vielfältig. So
liegen zum einen bereits umfangreiche und detaillierte Untersuchungen vor, zum anderen bestand Mangel an Zeit und
finanzieller Hilfe für die Durchführung eigener und ausge-
dehnter Felduntersuchungen. Diese hätten bei Abstimmung der
Fragebögen auf die speziellen Anforderungen einen bemer-
kenswerten Teil der Impulsübertragungen und -wirkungen per
Befragung erfassen können. Das Fehlen solcher Erhebungen
erzwingt denn auch die häufige Verwendung von Ersatzgrößen.

Letztlich ist auch die Aufgabenstellung dieser Arbeit zu
berücksichtigen. Nicht die Ausarbeitung eingehender Analysen für Planungszwecke in Botswana steht im Vordergrund.
Vielmehr sollen die methodischen Ansätze exemplarisch über-
prüft werden, ob die Ergebnisse mit den realen Verhältnissen weitgehend übereinstimmen, und ob somit die Identifikation und vorläufige Bewertung der Impulskraft eines Wachstumspols ermöglicht werden können.

Die Entwicklung von Planungsstrategien und -alternativen
sowie der entsprechenden Steuerung- und Kontrollinstrumente
ist Inhalt eines nächsten Schrittes. Dafür sind in den meisten Fällen umfassende und aktuelle Primärerhebungen notwendig.

Im folgenden werden jene empirischen Analysemethoden eingesetzt, für die das vorliegende Datenmaterial ausreicht.
Diese sind der Standortquotient als Kennziffer, die Shift-

Analyse, die Ansätze der Theorie der Zentralen Orte, ein Standortkatalog, der Gravitationsansatz, die nationale I-O-Analyse und eine projektbezogene Kosten-Nutzen-Analyse. Für die verbleibenden Methoden, die trotz Eignung nicht behandelt werden können, werden gegebenenfalls exemplarische Vorgehensweisen für eine jeweilige empirische Anwendung kurz skizziert, sofern diese Methoden in einem anderen Kontext nicht bereits angesprochen wurden.

3.3.1. Kennziffern

Der Beschäftigungsmultiplikator läßt sich anhand verschiedener Planungsalternativen bestimmen, ohne dabei auf I-O-Tabellen zurückgreifen zu müssen.

Für die vollkommen neu entstandene Diamantminenstadt Jwaneng ist die Ermittlung des Multiplikators auf der Basis von Kennziffern durchgeführt worden.

Mittels einer Bedarfsplanung ist die jeweilige Schaffung öffentlicher Arbeitplätze abhängig von der geplanten Hierarchiestufe Jwanengs berechnet worden (Tabelle 10).

Gleichzeitig ist die in dem Planungsraum neu entstehende Beschäftigung im Verarbeitenden Gewerbe sowie im Dienstleistungsgewerbe geschätzt worden.[1]

---

1) Im Vergleich dazu: In Selebi-Phikwe hat sich ein Beschäftigungsmultiplikator von 1,4 (insbesondere im Baugewerbe, Kraftwerksbau und im Dienstleistungsgewerbe) ergeben, während sich für Orapa lediglich ein Wert von 0,2 errechnet. Vgl. REPUBLIC OF BOTSWANA, MLGL, DTRP, a.a.O., S. 16. Für 1985 ist für Selebi-Phikwe in dem Bereich der Stadt selbst eine Beschäftigungsquote von 1 :1,1 veranschlagt. Vgl. SELEBI-PHIKWE TOWN-COUNCIL, Selebi-Phikwe Development Plan, Working Paper 4, Selebi-Phikwe 1982, S. 4.

Tabelle 10: DER EINFLUSS VON REGIONALPLANUNGSALTERNATIVEN AUF DIE BESCHÄFTIGUNGSENT-
WICKLUNG IN JWANENG UND IM REGIONALEN UMLAND (Planungsjahr 1985)

Planungs- alternative	Beschäftigungs- verhältnis[a]	Beschäftigung[b] (abs. Anzahl)	Bevölkerung[b] der Stadt und des Einzugsbereiches
Regionales Zentrum	1 : 2,0	3 300	13 750
Subregionales Zentrum	1 : 1,5	2 750	11 500
Zentrum auf Distriktebene	1 : 1,0	2 200	9 200
Lokales Zentrum (Stadtbereich)	1 : 0,5	1 650	6 900[c]

a   Anzahl von Arbeitsplätzen, die für einen Arbeitsplatz in der Mine geschaffen
    wird.
b   Unter der Annahme von 1,2 Erwerbspersonen in einem fünfköpfigen Haushalt.
c   Stadtbevölkerung ohne Einzugsbereich.

Quelle: Vgl. REPUBLIC OF BOTSWANA, MLGL, DTRP, Final Report of the Jwaneng Town
         Plan, Gaborone 1980, S. 16.

Um die bereits bestehende Hierarchiestruktur der Region
nicht zu verändern, wurde Jwaneng als ein Zentrum auf Di-
striktebene geschaffen.[1]   Denn es sollen weder Verlagerungen wesentlicher zentralörtlicher Funktionen noch die damit verbundenen Änderungen der Pendelbewegungen bewirkt
werden.

Das Umland von Jwaneng wird daher planungsgemäß zweistufig
gegliedert mit einem primären (1982: 6 300 Einwohner) und
einem sekundären (1982: 8 200 Einwohner) Einzugsbereich.
Diese Einteilung entspricht der Reichweite der zentralörtlichen Funktionen, die von Jwaneng angeboten werden.[2]

---

1) Vgl. REPUBLIC OF BOTSWANA, MLGL, DTRP, a.a.O., S. 17-20.

2) Beispielsweise kann Tabelle 13 als Planungsgrundlage genommen werden.

In dem aufgezeigten Fall sind nicht die mathematischen Funktionen und ihre Berechnungsmethoden Grundlage der Regional- und Stadtplanung in Botswana, sondern lediglich die Aussagen der genannten Theorien. Letztlich wird nur mit Kennziffern gearbeitet, die sowohl den Ist- als auch den Soll-Zustand des Planungsraumes erfassen.

3.3.2   Standortquotient

Eine einfache Methode der Bestimmung des Aktivitätsgrades ist die Bildung von Kennziffern.[1]   So läßt sich für einen Wachstumspol j als eine Art Indikator folgender Standortquotient SQ entwickeln:

$$
SQ_j = \frac{\dfrac{B_j}{\sum\limits_{j=1}^{n} B_j} \cdot 100}{\dfrac{P_j}{\sum\limits_{j=1}^{n} P_j} \cdot 100}
$$

j=1, ... ,n

B= Beschäftigung

p= Bevölkerung

Theoretisch gesehen kann SQ gleich null oder unendlich werden. Allgemein gilt jedoch:

$SQ_j < 1$ unterdurchschnittliche Entwicklung im Pol j;

$SQ_j = 1$ durchschnittliche Entwicklung im Pol j;

$SQ_j > 1$ überdurchschnittliche Entwicklung im Pol j.

Für Botswana ergibt die Auswertung des Population Census 1981 eine Bestätigung der bereits vermuteten Wachstumspole.

---

1) Vgl. L. SCHÄTZL, Industrialization in Nigeria, a.a.O., S. 47 ff.

Die beiden Diamantstädte Orapa und Jwaneng fallen in der
Untersuchung durch ihren jeweils weit überdurchschnittli-
chen SQ-Wert auf. Dieses Ergebnis ist auf die einzelnen
Bergbauprojekte zurückzuführen, die erst zu dem Entstehen
der beiden Stadtgebilde führten. In beiden Städten ist über
die Hälfte der Bevölkerung erwerbstätig. Insofern ist die
Beschäftigungsquote entsprechend hoch angesiedelt (siehe
Tabelle 11).

Tabelle 11: STANDORTQUOTIENTEN FÜR AUSGEWÄHLTE STÄDTE UND ORTE IN BOTSWANA (1981)

Städte[a]	SQ[b]	Orte[a]	SQ[b]
Gaborone	1,68	Serowe	0,56
		Mahalapye	0,54
Francistown	1,17	Molepolole	0,42
		Kanye	0,46
Selebi-Phikwe	1,33	Mochudi	0,43
		Maun	0,60
Lobatse	1,24	Ramotswa	0,32
		Palapye	0,69
Jwaneng	2,81	Lethlakane	0,73
		Tutume	0,48
Orapa	2,36	Ghanzi	0,78
		Kasane	0,92
		Shakawe	0,43
		Serule	0,54
		Nata	0,51

a   Städte resp. Orte sind in der Reihenfolge   abnehmender Bevölkerungszahl
    geordnet.
b   Der Standortquotient bezieht sich auf die Beschäftigung in Form von 'regular
    cash work (for other and for self)'.

Quelle: Eigene Berechnungen nach Angaben des o.V., 1981 Population and Housing
          Census, Summary Statistics on Small Areas, CSO (ed.), Gaborone 1982.

Die Verwendung dieses Standortquotienten kann - allein schon
aufgrund seiner statischen Natur - lediglich zur Identifikation des Industrialisierungsgrades im Sinne einer Be-
schreibung räumlicher Unterschiede im Entwicklungsstand dienen. Dem dynamischen Aspekt des Wachstums wird keine Rech-

nung getragen. Eine Aufteilung des Quotienten nach einzelnen Wirtschaftssektoren kann eine differenziertere Betrachtung ermöglichen.[1]

3.3.3. Shift-Analyse

In der folgenden Shift-Analyse werden die Veränderungen sowohl der Struktur als auch des Wachstums der Wirtschaft anhand der Beschäftigtenzahlen identifiziert. Insbesondere dient eine solche Untersuchung für anschließende beschäftigungspolitische Maßnahmen, da die Schaffung zusätzlicher Arbeitsplätze eine vorrangige Aufgabe in der regionalen Wirtschafts- und Wachstumsplanung ist.[2] Allerdings ist die Zahl der Beschäftigten allein kein Kriterium für die Messung und Bewertung industriellen Wachstums. So können arbeitsintensive Branchen bei der Berechnung von Shift-Zahlen überbewertet werden.[3] Daher ist beispielsweise die Wertschöpfung pro Beschäftigten als weitere Maßgröße geeignet.

Für Botswana ist jedoch kein zusammenhängendes Datenmaterial für die Erfassung der Wertschöpfung je Sektor und Stadt verfügbar.[4] Aus diesem Grunde wird für Kontrollzwecke auf

---

1) Vgl. L. SCHÄTZL, Industrialization in Nigeria, a.a.O., S. 50 f.

2) Vgl. REPUBLIC OF BOTSWANA, National Development Plan 1979-85, a.a.O., S. 67-69.

3) Vgl. W. SCHÄTZL, Industrialization in Nigeria, a.a.O., S. 52 f.

4) Die Wertschöpfung für einzelne Sektoren ist als nationales Aggregat berechnet (Tabelle A 12 im Anhang). Die Anwendung der Shift-Analyse ist damit zwar möglich (auf gesamtwirtschaftlicher Ebene), jedoch ist eine Übertragung der jeweiligen sektoralen Wertschöpfungsraten auf die Wirtschaftssektoren der zu betrachtenden Stadt aus statistischen Gründen nicht empfehlenswert. Denn besonders in Entwicklungsländern können manche Sektoren häufig nur von wenigen Unternehmen gebildet werden (z.B. Bergbau, chemische Industrie). Hierbei sind dann anschließende statistische Verzerrungen zu erwarten. Daher wird im Rahmen dieser Arbeit eine solche Ableitung nicht weiter verfolgt.

die Industrielizenzstatistik mit den Angaben über Investitionsvolumina und Beschäftigte zurückgegriffen.

Die Shift-Analyse der Beschäftigungsentwicklung in vier Städten wird für den Zeitraum von 1975 auf 1980 durchgeführt. Für Gaborone und Francistown zeigen sich unterdurchschnittliche und für Lobatse und Selebi-Phikwe überdurchschnittliche Werte (Abb. 8, Tabelle A 9 im Anhang).

Doch sind solche Informationen nur sehr allgemein. Denn die alleinige Betrachtung der absoluten Veränderungen bietet sich für vergleichende Untersuchungen der Städte nicht an, da von unterschiedlichen Gesamtbeschäftigtenzahlen ausgegangen wird, die als berechnete Shift-Größen (Differenzenmethode) in der absoluten Form nicht mehr sinnvoll zu interpretieren sind. Die Aussage der v.H.-Veränderungen gleicht diese Fehlerquelle aus. Allerdings können auch diese Werte nicht isoliert gesehen werden. Daher sollte stets mit beiden Formen der Differenzenmethode gleichzeitig gearbeitet werden, sofern nicht auf die Indexmethode zurückgegriffen wird.

Alle Aussagen der Differenzen- und Indexmethode bieten lediglich Ansatzpunkte für weitere Untersuchungen. Die bereits aufgeführten theoretischen Mängel lassen sich anhand der Berechnungen nachweisen. Zudem spiegeln die Ergebnisse kaum die tatsächliche wirtschaftliche Entwicklung in den Städten wider, da nur mit Abweichungswerten von einem theoretischen Wachstum (Mittelwert) gerechnet wird. So kann in der Shift-Analyse beispielsweise für Gaborone nur eine unterdurchschnittliche Dynamik abgelesen werden, obgleich dort der volumenmäßig größte Beschäftigungszuwachs erfolgte.

Abb. 8: GRAPHISCHE DARSTELLUNG DER SHIFT-ANALYSE VON DER BESCHÄFTIGUNGSENTWICKLUNG IN AUSGEWÄHLTEN STÄDTEN VON BOTSWANA (1975, 1980)

A)

absolute Veränderungen
(in Tsd. Pula)

B)

relative Veränderungen
(in v.H.)

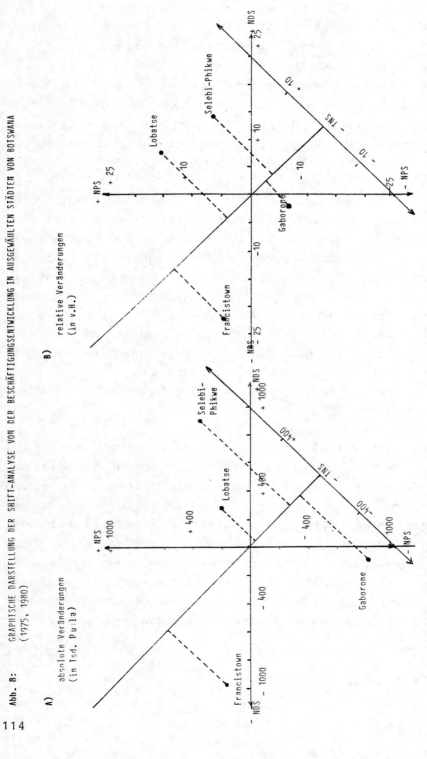

Quelle: Entwurf S. BRANDIS nach Angaben aus Tabelle A 9.

Aus diesen Gründen sollten die jeweiligen Shift-Analysen - zweckmäßigerweise aufgeschlüsselt nach einzelnen Wirtschaftssektoren - stets in Verbindung mit dem statistischen Originärdatenmaterial interpretiert werden.[1] Nur so lassen sich sinnvolle Untersuchungen durchführen, die auch für planerische Zwecke weiterverwendet werden können.

Die zu Kontrollzwecken durchgeführte Shift-Analyse der industriellen Investitionsentwicklung (1975-1983) dokumentiert eindrucksvoll die Abhängigkeit einzelner Städte von Großprojekten. Sowohl für Lobatse als auch für Selebi-Phikwe sind die jeweiligen Hauptarbeitgeber nicht berücksichtigt. In Lobatse fiel die übrige Investitionsentwicklung äußerst schwach aus. Daher können kaum wachstumsauslösende Impulse erwartet werden. Dagegen kann Selebi-Phikwe aufgrund der überdurchschnittlichen Investitionsentwicklung als eindeutiger Wachstumspol angesprochen werden, von dem eine starke Impulskraft ausgeht. Somit können auch mögliche Kopplungseffekte des Kupfer-Nickel-Projektes auf die allgemeine Investitionstätigkeit zunächst unterstellt werden (Tabelle A 10 im Anhang).

3.3.4.   Zentralörtliche Ansätze

Die Wachstumspolstrategie in Botswana ist nicht auf eine feste, hierarchisch aufgebaute Siedlungsstruktur ausgerichtet. Die Bevölkerungsgröße eines Ortes resp. einer Stadt ist weder mit einer Untergrenze noch mit einem bestimmten optimalen Wert festgelegt. Eine räumliche Gleichverteilung (z.B. hexagonale Gitterstruktur) kann aufgrund der geographischen Gegebenheiten nicht angestrebt werden. Der Verstädterungsprozeß hat in den siebziger und achtziger Jahren

---

1)   Siehe hierzu die Tabellen A 7, A 8 im Anhang.

zu einer Agglomeration beigetragen.[1] Dennoch kann Botswana immer noch als Agrarstaat bezeichnet werden. Das Hierarchiesystem der Zentralen Orte in diesem Lande entspricht nur begrenzt der Zentralitätsbestimmung nach CHRISTALLER (z.B. K=3; siehe Tabelle 12).

Insbesondere in schwach industrialisierten Entwicklungsländern, in denen sich zumeist nur wenige Städte mit jeweils einem Großprojekt resp. wenigen bedeutenden Industrieunternehmen befinden, sind Verschiebungen innerhalb der Hierarchie zu erwarten. So bedingen besonders die exportorientierten Bergbauprojekte eine gewisse Mindestgröße der dazugehörigen Stadt. Beispielsweise sind die für die Diamantminen neugeschaffenen Städte Orapa und Jwaneng auf eine Bevölkerungszahl von rund 6 000 bis 7 000 ausgelegt. Gleiches gilt für Selebi-Phikwe mit rund 30 000 Einwohnern. Allerdings hat sich hier bereits, wenn auch in geringem Umfang, ein Dienstleistungsgewerbe entwickelt. Insbesondere für Bergbaustädte sind die Standorte durch die Rohstoffvorkommen bestimmt.

Die CHRISTALLER-Theorie sieht die Städte eher als Servicezentren. Tatsächlich erfolgt das Wachstum der Städte "wohl mehr aufgrund ihrer sozialen und wirtschaftlichen Interaktion und weniger ihrer Funktion als Zentrale Orte für das Hinterland"[2]. Mithin liefert die CHRISTALLER-Theorie keine Erklärung städtischen Wachstums. Sie kann lediglich für eine Zeitreihenbetrachtung angewendet werden, um Ver-

---

1) 1971: Stadtbevölkerung 9,5 v.H.; Landbevölkerung 90,5 v.H.
   1981: Stadtbevölkerung 16,7 v.H.; Landbevölkerung 83,3 v.H.
   (Als Städte zählen wiederum Gaborone, Francistown, Lobatse, Selebi-Phikwe, Orapa und Jwaneng.)

2) FÜRST/KLEMMER/ZIMMERMANN, Regionale Wirtschaftspolitik, Tübingen, Düsseldorf 1976, S. 79.

Tabelle 12: VERGLEICH DER THEORETISCHEN HIERARCHIE ZENTRALER ORTE NACH CHRISTALLER UND DER EMPIRISCHEN HIERARCHIE ZENTRALER ORTE IN BOTSWANA

Theorie der Zentralen Orte nach CHRISTALLER				
Rang-ziffer	Anzahl der Zentren		Typische Bevölkerung pro Zentrum	Typische durchschn. Bevölkerung d.Region
	K=3	K=4	(K=3)	(K=3)
7	486	3 072	1 000	3 500
6	162	768	2 000	11 000
5	54	192	4 000	35 000
4	18	48	10 000	100 000
3	6	12	30 000	350 000
2	2	3	100 000	1 000 000
1	1	1	500 000	3 500 000

Zentrale Orte in Botswana[a]				
Rang-ziffer	Anzahl der Zentren		Typische Bevölkerung pro Zentrum	
	1.	2.	1.	2.
7	111	672	> 500	> 100
6	73	236	> 1 000	> 250
5	10	111	> 2 500	> 500
4	9	73	> 5 000	> 1 000
3	8	27	> 10 000	> 2 500
2	2	2	> 25 000	> 25 000
1	1	1	60 000	60 000

a Ohne die Orte in den Distrikten Kgalagadi (North and South) und Ghanzi.

Quelle: Entwurf S. BRANDIS nach G.L. GAILE, a.a.O., S. 208; eigene Berechnungen nach Angaben von REPUBLIC OF BOTSWANA, Draft Guide, a.a.O.

städterungs- und Agglomerationsprozesse diagnostizieren zu können.[1]

3.3.5.   Standortkatalog

Ein Wachstumspol hat zwei wesentliche Aufgaben. Zum einen bietet er mit seinen zentralörtlichen Einrichtungen ein Angebot an Servicefunktionen zumeist für das Umland resp. alle dem Pol hierarchisch untergeordneten Orte. Zum anderen soll er als Auslöser oder Katalysator für wirtschaftliches Wachstum sowohl im Umland als auch in anderen Orten oder Wirtschaftsgebieten dienen.

Von den meisten zentralörtlichen Einrichtungen gehen Impulse aus, deren Wirkung die Annahme des Angebots und die Befriedigung der Nachfrage im Pol ist. Somit bildet sich eine zentripetale Ausrichtung, häufig verbunden mit Pendelbewegungen der Bevölkerung und dem Zustrom von Kapital (es sei denn, der Pol wird vom Umland als Marktplatz für den Absatz seiner Produkte genutzt). Die zentralörtlichen Funktionen haben demnach einen polarisierenden Charakter.

Für die Untersuchung von Städten resp. Orten hinsichtlich ihrer Ausstattung mit zentralörtlichen Einrichtungen dient der Katalog, in welchem diese aufgelistet sind und mittels

---

1) Vgl. FÜRST/KLEMMER/ZIMMERMANN, Regionale Wirtschaftspolitik, Tübingen, Düsseldorf, S. 86 f. zu dem Problem der minimalen Stadtgröße sowie der Frage, die Einwohnerzahl als Indikator zu verwenden.
Ein generelles Zentrale-Orte-Modell - unter Einschluß des Modells von CHRISTALLER als Variante - zeigt PARR auf, indem er für jede Hierarchiestufe (Rangziffer) einen theoretischen K-Wert berechnet. Eine solche Vorgehensweise bringt zwar eine größere Annäherung der theoretischen an die empirischen Werte, jedoch bleiben die von FÜRST/ KLEMMER/ZIMMERMANN genannten Kritikpunkte weitgehend bestehen. Vgl. J.B. PARR, Models of a Central Place System: A More General Approach, in: Urban Studies, Vol. 15 (1978), No. 1, S. 35-49.

Punktegebung gewichtet werden können.[1] Diese Form der Gewichtung soll einen Anhaltspunkt für den Einzugsbereich bzw. die relative Bedeutung der jeweiligen Funktion geben. Das Schema ist an den Gegebenheiten in Entwicklungsländern (primär LLDCs) ausgerichtet (Tabelle 13). Hierbei wird jedoch die Frage der räumlichen Einzugsbereiche nicht angesprochen. Diese ließe sich aber beispielsweise durch einen faktoranalytischen Ansatz lösen. Dafür sind allerdings Primärerhebungen in dem jeweiligen Land notwendig.[2]

Für die Auswertung zählt nur die Existenz der Art einer jeweiligen Einrichtung und nicht deren Gesamtzahl. So ist es uninteressant, ob es an einem Ort einen oder ein Dutzend Bäcker gibt. Der räumliche Einzugsbereich wird durch eine steigende Anzahl an gleichen Einrichtungen nur dann verändert, wenn der Konkurrenzdruck - ceteris paribus - zu niedrigeren Preisen und/oder besserer Qualität führt.[3]

Für Botswana wurde ein Querschnitt durch alle Siedlungsgrößen gelegt (Abb. 9). Auffallend ist die relativ hohe gewichtete Anzahl zentralörtlicher Einrichtungen in Kasane (Tabelle A 11 im Anhang). Grund hierfür ist die Grenzlage des Ortes. Somit ist der Einzugsbereich eher international denn national anzusehen.

---

1) TAYLOR nimmt eine Einteilung in 5 Kategorien mit jeweils 21 Unterpositionen vor, die einzeln punktebewertet werden. Siehe D.R.F. TAYLOR, The Role of the Smaller Urban Place in Development: A case study from Kenya, Philadelphia 1972, unveröffentlichtes Manuskript; insbesondere S. 10-19.

2) Für die Bundesrepublik Deutschland wurde ein umfassender Katalog für die Mindestbzw. Optimaleinzugsbereiche für zentrale Einrichtungen erstellt von F. SPENGELIN, zitiert in: P. KLEMMER und H.-F. ECKEY, a.a.O., S. 21 f. Siehe auch die Klassifikation Zentraler Orte und ihrer Verflechtungsbereiche von D. BARTELS; a.a.O., S. 37-73.

3) Das Einkaufsverhalten diskutiert H.O. NOURSE, a.a.O., S. 75 f.

Tabelle 13: SCHEMA FÜR EINE PUNKTGEWICHTUNG ZENTRALÖRTLICHER EINRICHTUNGEN IN ENT-
WICKLUNGSLÄNDERN

Punktgewichtung für zentralörtliche Einrichtungen[a]		
10	5	3
nationale Verwaltung	regionale Verwaltung Arbeitsamt	stammesrechtliche Verwaltung
Polizeihauptstelle	Polizeiwache	
Finanzamt	Sammelstelle für Steuern und Abgaben	
Krankenhaus	Krankenstation	mobile Krankenversorg.
Hauptpost	Postdienststelle	Poststelle (mobil)
Gericht Strafvollzugsanstalt	Telefon-, Telegrafenamt Entwicklungsbank	
Universität	Schule ('Secondary') sonst. Aus- und Weiter- bildungsstätten Sportclub freiw. Organisation. Tierveredelungsanst.	Schule ('Primary') landwirtschaftli- ches Ausbildungs- zentrum
Bankhauptstelle	Bankzweigstelle	mobile Bank
staatl. Marktplatz	Marktplatz 'Co-op'-Stelle , Markt	
Großhandel	Einzelhandel: - Gemüse - Fleischer - Kolonialwaren - Bäckerei - sonstige Apotheke Spirituosenhandel Reparaturdienst Tankstelle	
	Hotel Restaurant Café, Bar	Pension, Gästehaus
Auktionsplatz Flugphafen (feste Piste) Eisenbahnstation	restl. Dienstl.-Gewerbe Flugplatz Busdienst kommunale Einrichtun: - Bücherei - Sportanlage - sonst.	private Flugpiste

a Die Existenz (nicht die absolute Anzahl) der jeweiligen Einrichtung zählt (mit
null oder mit 1) in der Auswertung.

Quelle: Entwurf S. BRANDIS, vgl. E. MOODY, a.a.O., S. 39.

Abb. 9:   EXISTENZ ZENTRALÖRTLICHER EINRICHTUNGEN IN AUSGEWÄHLTEN ORTEN
IN BOTSWANA (1981)

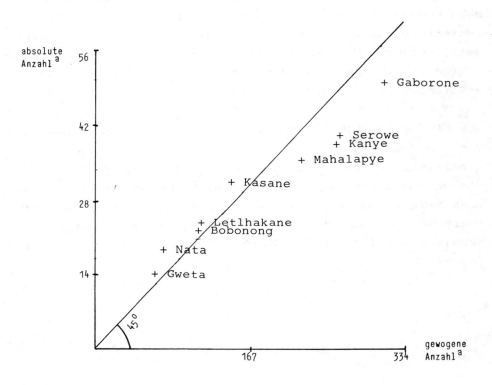

a   Siehe die Erläuterungen in Tabelle A 11 im Anhang.

Quelle: Entwurf S. BRANDIS, Angaben aus Tabelle A 11 im Anhang.

Aufgrund des statischen Charakters der Theorie der Zentralen Orte ist die Umsetzung der entsprechenden Forschungser-
gebnisse in dynamische, regionalplanerische Maßnahmen nur
begrenzt möglich. Dennoch bietet die Theorie "die Möglichkeit, strukturelle und behavioristische Komponenten heraus-
zufiltern, die sich bestimmend auf die Entwicklung von
Städten und zentralen Orten auswirken" [1].

Abschließend sei kurz auf den Standortkatalog eingegangen,
der exemplarisch bereits für Zwecke der Investitionsent-
scheidung bei der Standortsuche ausgearbeitet (Tabelle 4)
und beispielhaft anhand von Standortanforderungen dreier
Branchen aus Botswana erläutert worden ist. Als konkrete
Beispiele dienen die Kupferhütte in Selebi-Phikwe, die
Gerberei in Pilane (Nähe Mochudi)[2] und eine städtische
Bäckerei.

---

1) C. MAHN, Periodische Märkte und zentrale Orte, Diss. Heidelberg 1980, S. 184.

2) J. BETTNER, M. FLUES, R. IHRLER, et al., Possibilities of Establishing a Leather
   and Leather Processing Industry in Botswana, in: GERMAN DEVELOPMENT INSTITUTE
   (GDI) (Hrsg.), Berlin 1977.

3.3.6. Gravitationsansatz

Die Interaktion zwischen Wachstumspolen vollzieht sich weitgehend in Form von Güterbewegungen, Pendelbewegungen und
Ideenaustausch.[1] Sofern diese Daten nicht empirisch direkt erhoben werden können, bietet sich die Verwendung von
Ersatzgrößen an. Die Untersuchung der Transport- und Kommu-
nikationsnetzwerke liefert einen hohen Grad an Information.
Die Daten werden zumeist als Kennziffern aufbereitet. Zu
nennen sind beispielsweise:[2]

- Straßenwesen (Lage und Rangordnung der Straße, Verkehrs-
  zählung);

- Öffentliches Transportwesen (z.B. Bus-, Bahn-, Luft- und
  Wasserstraßenverbindungen, Frequenzen und Kosten für die
  Benutzung der jeweiligen Verbindung);

- Telefonnetz (z.B. geographische Verteilung der Einrichtungen und Anrufe);

- Postwesen (z.B. geographische Lage der Postämter und Verteilung des Postgutaufkommens resp. des Briefaufkommens);

- Zeitungsverbreitung (geographisch).

Im folgenden wird auf die Beziehung zwischen der Bevölkerungsgröße P einer Stadt r und der Entfernung d_{rj} zu
einer anderen Stadt j mit der Einwohnerzahl P_j eingegangen.[3]

---

1) Vgl. W. McKIM, Spatial Interaction of Central Places and their Implication for
   National and Regional Planning - A Case Study from Kenya, a.a.O., S. 1 f.

2) Für Botswana sind die empirischen Daten für die Punkte 1. bis 4. fast vollständig
   vorhanden.

3) Berechnungen von Regressionsgeraden für die jeweiligen Beziehungen am Beispiel von
   Nigeria führten durch E.J. TAAFE et al., Transport Expansion in Underdeveloped Coun-
   tries: A Comparative Analysis, in: B.S. HOYLE (ed.), Transport and Development,
   London 1973, S. 45-48.

Gesucht wird die Entfernungselastizität b zur Bestimmung der Verflechtungsintensität z_{rj} zwischen den Städten r und j. Als Verflechtungeintensität werden die Kraftfahrzeugbewegungen (absolute Anzahl) zwischen den Städten gesetzt. Als Datenbasis dient eine Erhebung der 'Transport Statistic Unit' aus Botswana. Vom 20.-26.6.1981 wurde von 6h bis 18 h an der Palapye/Serowe-Kreuzung eine vollständige Erhebung der Kraftfahrzeugbewegungen sowohl nach Ausgangs- wie auch Bestimmungsort der Reise durchgeführt.[1] Folgende Verkehrsverbindungen zwischen Ortschaften und Städten finden Eingang in die Berechnungen.[2]

Abb. 10: SKIZZE DER HAUPTVERBINDUNGSSTRASSE VON LOBATSE NACH MAUN (BOTSWANA) MIT ANGABEN ZU DEN ENTFERNUNGEN (in km) UND EINWOHNERZAHLEN (abs. Anz.1981)

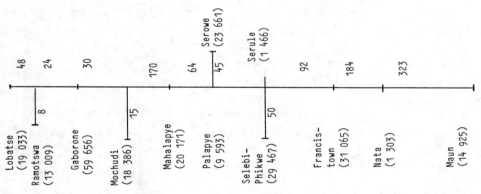

Quellen: Entwurf S. BRANDIS nach Angaben des 1981 Population Census, Summary Statistics on Small Areas, a.a.O.

---

1) Vgl. STATISTICS UNIT, MINISTRY OF WORKS AND COMMUNICATIONS, in: CSO, MFDP (eds.), Transport Statistics 1980, Gaborone 1981, S. 57-91; die Angaben beziehen sich auf die Anzahl der Fahrzeuge und nicht auf die der Insassen.

2) Vorausgesetzt, daß die jeweilige Verbindung die Meßstelle Kreuzung Serowe/Palapye beinhaltet.

Dieses ist die Hauptverbindungsstraße in Botswana, durch welche alle betrachteten Orte resp. Städte miteinander verbunden sind. Die Fahrbahn ist von Lobatse bis Nata durchgehend, einschließlich der Stichstraßen, geteert (Straße 1. Ordnung). Von Nata bis Maun führt ein 'gravelpad'.

Für die empirische wie theoretische Überprüfung der Verflechtung wird in Anlehnung an ISARD folgende Ausgangsformel gewählt:[1]

$$(1) \qquad z_{rj} = c \cdot \frac{p_r p_j}{d_{rj}^{\ b}} \qquad \begin{array}{l} r=1, \dots, s \\ j=1, \dots, n \\ r \neq j \end{array}$$

z_{rj} = Verflechtungsintensität

p = Einwohnerzahl (Bevölkerungsgröße)

d_{rj} = Entfernung (in km) zwischen der Stadt r und der Stadt j

b = Entfernungselastizität

c = Gravitationskonstante

Es gibt mehrere Wege, die Entfernungselastizität empirisch zu bestimmen. Im folgenden werden zwei Möglichkeiten aufgezeigt.

Die erste Möglichkeit ist die empirische Ermittlung anhand der Daten aus Botswana. Für die Schätzung nach der Methode der kleinsten Quadrate ist die Ausgangsformel (1) zu linearisieren, da es sich um einen exponentialen Ansatz handelt:[2]

---

1) Im Vergleich zu der Gravitationsformel auf S. 51 wird die - empirisch zu ermittelnde - Exponentialgröße a gleich 1 gesetzt, da es sich in dem vorliegenden Beispiel um die Bevölkerungsgröße handelt.

2) Vgl. die Bemerkungen zu der statistischen Vorgehensweise bei J. HAMPE, a.a.O., S. 89 ff. und S. 94.

(2) $$\frac{z_{rj}}{p_r p_j} = c \cdot d_{rj}^{-b}$$

(3) $$\ln\left(\frac{z_{rj}}{p_r p_j}\right) = \ln c - b \cdot \ln d_{rj}; \quad \text{dabei gilt als}$$

Voraussetzung $\left(\frac{z_{rj}}{p_r p_j}\right)$, $d_{rj} > 0$

Über die Berechnung für die Regressionsgerade (3) lassen sich die Steigung -b und der Achsenabschnitt (y-Achse) $\ln c$ festlegen. Es können jedoch nur diejenigen empirischen Verflechtungsintensitäten als einzusetzende Werte berücksichtigt werden, die größer als Null sind. Denn der Logarithmus der Verflechtungsintensität von Null ist $-\infty$ und darf als solcher nicht eingesetzt werden. Insofern sind alle Wertepaare $\left(d_{rj}, \frac{z_{rj}}{p_r p_j}\right)$ mit $z_{rj} = 0$ bei der Berechnung der Regressionsgeraden gemäß Gleichung (3) auszuschließen. In der vorliegenden Datenmenge sind es 13 von insgesamt 46 Wertepaaren.[1] Es wird $\ln d_{rj}$ als die unabhängige und $\ln\frac{z_{rj}}{p_r p_j}$ als die abhängige Variable gesetzt.[2]

Die Schätzung ergibt eine Gravitationskonstante mit

$c = 0,0053532$ und $b = 2,1132559$

für die spezifische Entfernungselastizität in Botswana.[3] Damit liegt das Ergebnis für b bereits in der Nähe der Newton'schen Größe 2.

---

1) Alle mathematischen Berechnungen wurden per Hand auf einem Taschenrechner von Texas Instruments der Marke 'TI-51-III' durchgeführt. Der Rechner wurde nicht programmiert.

2) Die statistische Problematik der Berechnung von Regressionsgeraden wird diskutiert von E. v. BÖVENTER, Regressionsanalyse, in: AKADEMIE FÜR RAUMFORSCHUNG UND LANDES-PLANUNG (Hrsg.), Methoden der empirischen Regionalforschung (1. Teil), Bd. 87, Hannover 1973, S. 61 f.

3) Das Bestimmtheitsmaß dieser Regressionsgeraden resp. der Erklärungswert für den Zusammenhang zwischen der Bevölkerungsgröße einer Stadt und der Entfernung zu einer anderen Stadt mit gegebener Bevölkerungszahl beträgt $R^2 = 0,5439$ bezogen auf die - empirisch vorgegebene - Verflechtung.

Im folgenden wird eine Auswahl von Gravitationsgleichungen zusammengestellt, die sowohl den Ansatz nach REILLY (5) als auch die empirisch geschätzte Entfernungselastizität (6) in der jeweiligen Formel berücksichtigt.

Somit werden für Botswana die theoretischen Verflechtungsintensitäten gemäß folgender Formeln berechnet:[1]

$$(4) \qquad z_{rj} = 0,00001 \; \frac{p_r p_j}{d_{rj}}$$

$$(5) \qquad z_{rj} = 0,0001 \; \frac{p_r p_j}{d_{rj}^{2}}$$

$$(6) \qquad z_{rj} = 0,005 \; \frac{p_r p_j}{d_{rj}^{2,1}}$$

$$(7) \qquad z_{rj} = 0,0001 \; \frac{p_r p_j}{d_{rj}^{1,8}}$$

Für die Ermittlung der jeweiligen Korrelationskoeffizienten R und des Bestimmtheitsmaßes R^2 werden für die abhängige Variable y die empirischen und für die unabhängige Variable x die theoretischen Verflechtungsintensitäten gesetzt.[2] Die Ergebnisse der entsprechenden Regressionsgeraden zeigen sich wie folgt:[3]

---

1) Die für die Formeln (4), (5) und (7) willkürlich gewählten Gravitationskonstanten dienen dazu, die zu berechnenden theoretischen Werte z_{rj} in jeweils mit den empirischen Daten vergleichbaren Größenordnungen zu halten (sie haben keinen Einfluß auf den jeweiligen Korrelationskoeffizienten).

2) Zur Vorgehensweise bei den Korrelationsberechnungen siehe K.P. LOTZE, Korrelationsanalyse, in: AKADEMIE FÜR RAUMFORSCHUNG UND LANDESPLANUNG (Hrsg.), Methoden der empirischen Regionalforschung (2. Teil), Bd. 105, Hannover 1975, S. 73-77.

3) HOYLE hat in seinen Untersuchungen über die Verkehrsverflechtung in Uganda für die Formel (4) ein R=0,8; R^2=0,64 und für Formel (5) R=0,855; R^2=0,73 ermittelt. Vgl. B.S. HOYLE, Spatial Aspects of Development, Letchworth 1974, S. 316.

ad (4) $y = 4,39x - 17,3$; $R=0,745$ $R^2=0,555$

ad (5) $y = 4,58x + 3,2$; $R=0,940$ $R^2=0,884$

ad (6) $y = 1,36x + 6,4$; $R=0,937$ $R^2=0,879$

ad (7) $y = 2x - 3,2$; $r=0,941$ $R^2=0,886$

Für die mit der Entfernungselastizität von b=1,8 berechneten theoretischen Werte ergibt sich der höchste Erklärungswert mit $R^2=0,886$.

Die Berechnung nach der empirisch geschätzten Gravitationsgleichung (3) hat demnach zu niedrige theoretische Verflechtungsintensitäten ergeben. Insofern ist b=2,1 zu hoch geschätzt. Grund hierfür ist die fehlende Berücksichtigung
der 13 Wertpaare mit empirischen Verflechtungsintensitäten
von Null. Folglich wird die empirisch ermittelte Entfernungselastizität stets dann überschätzt werden, wenn
mindestens eine empirisch gemessene Verflechtung gleich
Null ist, die folglich nicht in der Ermittlung der Regressionsgeraden gemäß Gleichung (3) verwendet werden kann.

Die zweite Möglichkeit der empirischen Bestimmung der spefischen Entfernungselastizität b ist die Testsuche mit Hilfe eines Computers. Es werden Korrelationsberechnungen mit
alternativen b-Werten durchgeführt. Es wird derjenige Wert
für b gesucht, welcher (mittels Formel (1)) zu dem höchsten
Korrelationsgrad bzw. dem besten Erklärungswert für die
theoretischen Verflechtungselastizitäten führt.[1] In unserem Falle ist die Entfernungselastizität mit b=1,8 optimal.

---

1) Ist vor Anwendung dieser Vorgehensweise eine empirische Schätzung des b durchgeführt
   worden, so kann jener für b ermittelte Wert als Obergrenze für die jeweils per
   Computer zu testenden b eingesetzt werden. Dieses dient der Verkürzung einer Testsuche.

Zu Kontrollzwecken wird eine weitere empirische Erhebung ausgewertet, die sich auf Zahlen einer Befragung von Busfahrgästen[1] stützt. Es werden dafür Daten für insgesamt 24 Verbindungsstrecken zusammengestellt, wobei sich zumeist auf die in Abb. 10 aufgezeigten Streckenabschnitte beschränkt wird. Aufgrund der relativ langen Distanzen werden fast ausschließlich Fahrgäste erfaßt, die nicht täglich zwischen Wohn- und Arbeitsort pendeln. Somit kann diese Verflechtungsintensität kaum als Ausdruck wirtschaftlicher Verflechtung interpretiert werden, da es sich zumeist um Privatreisen handelt. Ein relativ gleichverteiltes Reiseverhalten unterstellt,[2] wird das hohe Bestimmtheitsmaß von $R^2 = 0,947$[3] aus der Korrelationsberechnung der empirischen und theoretischen Verflechtungsintensitätswerte (gemäß (5)) verständlich.

Die Erklärung für dieses im Vergleich zur ersten Untersuchung "bessere" Ergebnis liegt in der Art der Verflechtung begründet. Denn bei Zählung nur von Fahrzeugen wird neben den privaten Kraftfahrzeugen auch der gewerbliche Verkehr erfaßt, dessen Zahlen aber ein wesentlicher Indikator der wirtschaftlichen Beziehungen zwischen Städten sind.

Die Durchführung der Kontrolluntersuchung hat somit zwei wesentliche Ergebnisse erbracht:

---

1) Vgl. STATISTICS UNIT, MINISTRY OF WORKS AND COMMUNICATIONS, Public Transport Surveys, unveröffentlichtes Manuskript, Gaborone 1983.

2) Daher kann diese Art Verflechtung der bereits in Formel (1) angegebenen Beziehung bezüglich des Produktes $p_r p_j$ wesentlich stärker entsprechen.

3) Die Regressionsgerade lautet $Y = 11,2x - 67,4$.

- Die in der ersten Berechnung empirisch ermittelte optimale Verflechtungsintensität (Gleichung (7)) wird in
  der Kontrolluntersuchung durch das hohe Bestimmtheitsmaß R^2 = 0,947 in ihrer "Realitätsnähe" bestätigt;

- Die bereits in der ersten Berechnung als überdurchschnittlich aktiv resp. attraktiv ermittelten Orte werden auch in der Kontrolluntersuchung als solche ausgewiesen.

Werden die durch die Gravitationsberechnungen als überdurchschnittlich verflechtungsintensiv ermittelten Städte
in ihrer sonstigen wirtschaftlichen Entwicklungs betrachtet,
so zeigt sich ein gleichermaßen positives Bild. Selebi-Phikwe und Gaborone sind als die "interaktionsfreudigsten"
Städte anzusehen.

Die Untersuchung der wirtschaftlichen Verflechtung kann somit Aufschluß über die tatsächliche räumliche Ausbreitung
und Übertragung von Impulsen geben. Insofern ist für
empirische Untersuchungszwecke zunächst eine genaue Bestimmung und Festlegung von Impulsträgern vorzunehmen, da in
Erhebungen nur die für wirtschaftliche Verflechtungen relevanten Träger zu berücksichtigen sind.

Das Gravitationsmodell erweist sich somit als eine geeignete und praktikable Methode, die insbesondere für die Identifikation sowohlvon Interaktionsströmen zwischen Städten als
auch von deren jeweiliger Bedeutung für eine Impulsübertragung empfohlen wird. Eine empirische Diskussion unterschiedlicher Entfernungswiderstände (z.B. Straßen unterschiedlicher Kategorien) kann nicht durchgeführt werden, da die
für die Aufstellung von Transportkostenfunktionen notwendigen Daten aus Botswana nicht zur Verfügung stehen.

Die Interpretation des Interaktionsgrades zwischen zwei
Städten ermöglicht die Betrachtung einzelner Wertepaare
(x,y) aus der Korrelationsanalyse. Sollen überdurchschnittlich starke Beziehungen herausgefiltert werden, so sind
alle diejenigen empirischen Verkehrsströme zu berücksichtigen, die größer als die entsprechend der Regressionsgeraden berechneten y-Werte sind. In unserem Falle weisen
Selebi-Phikwe und Palapye fast ausnahmslos überdurchschnittlich hohe Verflechtungsintensitäten auf.

3.3.7.   Input-Output-Analyse

Das von PERROUX entwickelte Wachstumspolkonzept wurde in
der Empirie zunächst mittels der I-O-Tabelle operationali-
siert. Im Vordergrund stand dabei die Identifikation der
motorischen Industrien einschließlich der von ihnen ausgehenden 'forward and backward linkages'. Insbesondere für
Regionalplanungszwecke ist es notwendig, die strukturellen
und regionalwirtschaftlichen Auswirkungen staatlicher Maßnahmen ex-post wie auch ex-ante nachvollziehen zu können.

Für Botswana läßt sich eine solche Untersuchung der Wachstumspole mangels dafür notwendiger Daten nicht durchführen.[1]

---

1) Lediglich für Städte, in denen weit über die Hälfte aller Beschäftigten bei einem
   Arbeitgeber tätig ist, ist für die Verflechtung der Unternehmen eine I-O-Analyse
   empfehlenswert, wenn sich die Betrachtung auf das entsprechende Unternehmen konzentriert. In Analogie zu der Kosten-Nutzen-Analyse ließe sich für Selebi-Phikwe mit
   den vorliegenden Daten ansatzweise eine solche I-O-Matrix zusammenstellen.
   Für die Ortschaften Tutume und Letlhakeng wurde eine detaillierte Verflechtungsana-
   lyse durchgeführt. Die Ergebnisse sind für unsere Zwecke allerdings nicht verwertbar.
   Siehe R. DALE und J. HESSELBERG, Interaction and Integration, A study of two rural
   communities in Botswana, Oslo 1977; insbesondere die Verflechtungsmatrizen S. 61-68,
   73-78, 82 ff.

Daher wird die gesamtwirtschaftliche I-O-Matrix zusammengestellt und entsprechend ausgewertet.[1]

Als Rückkopplungseffekt wird der Anteil aller Vorleistungen aus anderen Sektoren an dem Gesamtoutput eines Sektors definiert und als Vorwärtskopplungseffekt der Anteil der Leistungen eines Sektors an die restlichen Sektoren, gemessen an dessen Gesamtoutput (Gesamtverkäufen), bezeichnet (siehe Tabelle 14).

Auffallend sind geringe Rückkopplungseffekte, die von dem Agrarsektor ausgehen, obgleich dieser Sektor einen - wenn auch abnehmenden - erheblichen Anteil der Erwerbstätigen in Botswana stellt. Besonders in der Viehhaltung wie auch dem Ackerbau wird der niedrige technologische Stand ersichtlich. Grund ist der geringe Einsatz von landwirtschaftlichen Geräten, Maschinen und industriellem Dünger.[2]

Die aus der I-O -Matrix berechneten Kopplungseffekte auf vor- und nachgelagerte Unternehmen resp. Sektoren dürfen jedoch nicht isoliert gesehen werden. Würde beispielsweise der 'backward linkage' der Eisenbahngesellschaft alleinig interpretiert werden, so wäre keine sinnvolle Aussage möglich. Die Maßgröße Importanteil gibt denn auch die Erklärung. Fast der gesamte Input wird importiert, da die Eisenbahngesellschaft in dem Eigentum der ausländischen Zimbabwe Railway steht, wobei die Eisenbahnlinie auch von ihr betrieben wird.

---

1) Die 'Social Accounts Matrix' (SAM) 1979/80 wurde als in Arbeit befindliches Unikat vernichtet, als das CSO-Gebäude in Gaborone Mitte Oktober 1982 völlig ausbrannte. Daher wird auf die SAM 1974/75 zurückgegriffen. Das CHRISTIAN-MICHELSEN-INSTITUTE (Norwegen) erhält von dem CSO laufend Computerbänder mit allen makroökonomischen Originärdaten. Diese bilden denn auch das Material für das von GRANBERG entwickelte Wachstumsmodell zur Analyse und Prognose von Produktions-, Investitions- und Beschäftigungsstrukturentwicklungen basierend auf I-O-Matrizen (Multiplikatorenansätze). Vgl. P. GRANBERG, A non-technical Description of the Macroeconomic Model for Botswana (MEMBOT), Bergen 1983, S. 8-11, 11-20; ders., Documentation of some Basic Data for the MEMBOT Model, Bergen 1983.

2) Zu vergleichbaren Ergebnissen kommt in seinen Untersuchungen A.L. MAGOGUNJE, a.a.O., S. 49 ff.

Tabelle 14: 'FORWARD AND BACKWARD LINKAGES' SOWIE DER IMPORTANTEIL IN DER PRO-
DUKTION DER WIRTSCHAFT VON BOTSWANA (1974-75, in v.H.)

Wirtschafts-sektor[a]	Import-anteil[b] in v.H.[c]	Rückkopplungs-effekte in v.H.[c]	Vorwärtskopplungs-effekte in v.H.[c]
'Freehold'-Farmen	64,3	11,6	86,8
Traditionelle Farmen davon:			
- Viehhaltung	36,7	4,3	36,3
- Ackerbau	28,6	8,1	11,3
- sonstige	0	0	0
Bergbau	41,2	80,5	4,0
Verarbeitendes Gewerbe davon:			
- BMC	4,7	77,5	1,1
- restliche	70,1	22,4	22,7
Wasser und Elektrizität	66,7	13,5	72,1
Baugewerbe	66,6	17,6	12,1
Handel	61,2	13,4	42,0
Hotel- und Gaststät-tengewerbe	59,1	25,0	8,3
Transportwesen davon:			
- Bahn	97,5	2,4	15,1
-restliche	66,2	19,0	23,8
Dienstleistungen für 'Dwellings'	42,5	13,1	33,0
Dienstleistungen für Haushalte	76,7	6,6	46,2

a Die Gliederung entspricht der der 'Social Accounts Matrix' 74/75 ('at producers' prices').
b Anteil der direkten Importe am 'total input'.
c Angaben können Rundungsfehler enthalten.

Quelle: Eigene Berechnungen nach Angaben von REPUBLIC OF BOTSWANA, Social Accounts
Matrix 1974/75, CSO, MFDP (eds.), Gaborone 1978.

Letztlich ist für eine quantitative Beurteilung der Impulskraft – im Sinne einer Multiplikatorwirkung – einzelner
Wirtschaftssektoren deren Output und Wertschöpfung zu berücksichtigen (Tabelle A 12 im Anhang). Erst dann können
die Ergebnisse der Auswertung einer I-O-Matrix vollständig
und weiterverwertbar bewertet werden.[1]

3.3.8.   Kosten-Nutzen-Analyse

Die Anwendung der Kosten-Nutzen-Analyse im Rahmen dieser
Arbeit bezieht sich bei der Untersuchung von Wachstumspolen nicht auf eine einzelwirtschaftliche Betrachtung,
sondern auf die der volkswirtschaftlichen Zusammenhänge.
Allerdings bietet sich die Vorgehensweise nach dieser Methode nur an, wenn an dem zu betrachtenden Standort ein do-
minierendes Einzelprojekt resp. wenige Großprojekte zu
finden sind. Insbesondere in Entwicklungsländern betrifft
es meist Bergbau- oder Industriestädte, in denen wenige Arbeitgeber des Primär- und/oder Sekundärbereiches zu finden
sind, die mindestens ein Drittel aller erwerbstätigen Einwohner beschäftigen.

Für Untersuchungszwecke in Botswana erfüllen gleich vier
Städte die genannte Anforderung. Die drei Bergbaustädte Orapa und Jwaneng (jeweils Diamanten) und Selebi-Phikwe mit
seinem Hüttenkomplex (Kupfer-Nickel-Matte) bieten sich an.
Sie alle sind erst innerhalb der letzten 15 Jahre zu ihrer

---

1) MICHEL/OCHEL haben für einzelne ausgewählte Branchen des Verarbeitenden Gewerbes
   die (in-)direkten Beschäftigungs- und Einkommenseffekte in Form einer Nutzwertmatrix
   zusammengefaßt. Siehe H. MICHEL und W. OCHEL, Ländliche Industrialisierung in Entwicklungsländern, München 1977, S. 70 f.
   Zu den Möglichkeiten, die Nachkopplungseffekte zu prognostizieren siehe P. GRANBERG,
   A Note on the Estimation Formula for the Follower Sector's Production in the MEMBOT-
   Model, Bergen 1983, S. 1-10.

heutigen Bedeutung[1] herangewachsen, wobei Jwaneng die eigentliche Produktion erst im Jahre 1982 aufgenommen hat. Lediglich der Schlachthof der BMC in Lobatse weist eine erheblich längere Bestandszeit auf.

Da bei der wirtschaftlichen Entwicklungsplanung in Ländern der Dritten Welt nicht selten ein Schwerpunkt auf Bergbauprojekten liegt, wird die folgende Kosten-Nutzen-Analyse anhand des Beispiels Selebi-Phikwe durchgeführt.[2] Dieser Wachstumspol ist bereits anhand anderer Methoden als wachstumsträchtig und damit auch impulskräftig herausgearbeitet worden. Zudem wurden bei dem Aufbau der Stadt und des Hüttenkomplexes weitreichende und umfangreichende Infrastrukturmaßnahmen durchgeführt.[3] Zu nennen sind das Kohlekraftwerk bei Selebi-Phikwe, welches von dem neu eingerichteten Bergwerk bei Morupule beliefert wird, der Sashe-Staudamm sowie der Bau einer Teerstraße und einer Eisenbahnlinie (73 km) von Serule nach Selebi-Phikwe.

Mit Nutzen- bzw. Kostengrößen können direkte und indirekte Wirkungen des Projektes in Selebi-Phikwe auf die Stadt selbst, das Umland, andere Städte (Pole) und letztlich die Gesamtwirtschaft (resp. Staat) erfaßt werden. Voraussetzung ist die Zurechenbarkeit in quantifizierter Form nach dem Verursacherprinzip. Die wesentlichen direkten und indirekten Effekte bestehen:

---

1) Stand: 1984.

2) Dabei wird sich auf eine von WAGNER durchgeführte einzel- und volkswirtschaftliche Investitionsrechnung in Form einer Kosten-Nutzen-Analyse gestützt. Siehe W. WAGNER, a.a.O.

3) Solche Maßnahmen wurden zwar auch für Orapa und Jwaneng durchgeführt; sie sind jedoch nicht so umfassend und gut erfaßbar wie die von Selebi-Phikwe.

- für Selebi-Phikwe in der direkten Form

  - der Schaffung einer kompletten (sozialen) Infra-
    struktur für die Stadt mit Anbindung an das Umland
    sowie im Bau der Bahnlinie und der Straße[1] und

  - der Beschäftigung und der Ausbildungsmöglichkeit bei
    BCL zuzüglich der Arbeitsplätze für den Auf- und
    Ausbau der Infrastruktur (primärer Beschäftigungsef-
    fekt),

  sowie als Folgewirkung in

  - der Ansiedlung von Unternehmen und Einzelbetrieben
    zunächst des Baugewerbes und des Verarbeitenden Ge-
    werbes sowie später verstärkt des Dienstleistungs-
    sektors (sekundärer Beschäftigungseffekt);

- für das Umland in

  - dem Angebot an zentralörtlichen Einrichtungen durch
    die Stadt,

  - der Erhöhung der Nachfrage der Stadtbevölkerung nach
    Gütern (z.B. Frischgemüse) und Dienstleistungen aus
    dem Umland und

  - der wesentlichen Verbesserung der Infrastruktur im
    Einzugsbereich der Stadt (Elektrizität, Wasserversor-
    gung, Straßen etc.);

- für andere Städte (Pole) in

  - der Erschließung des Kohlebergwerkes bei Morupule
    (derzeit wird weitgehend für die Hütte in Selebi-

---

1) Vgl. SELEBI-PHIKWE TOWN COUNCIL, Selebi-Phikwe Development Plan,Working Paper 6,In-
   frastructure, Selebi-Phikwe 1982, S. 1-6.

136

Phikwe sowie das angeschlossene Kraftwerk gefördert) und

-   der Beschäftigung von vor- und nachgelagerten Unter-
    nehmen (vornehmlich in Francistown und Gaborone);

- für die Gesamtwirtschaft (resp. den Staat) in

-   der positiven wie negativen Beeinflussung (z.B. Kapi-
    talabflüsse für die erforderlichen, zu importieren-
    den Investitionsgüter, ferner Importzölle und 'royal-
    ties' etc.) des Staatshaushaltes

-   dem direkten Einfluß auf die Wertschöpfung (Gewinne
    resp. Verluste, Fremdkapitalzinsen, Löhne und Gehäl-
    ter), d.h. die Bildung des Sozialproduktes (Netto-
    wertschöpfung),

-   den Veränderungen der Zahlungsbilanzposition sowohl
    durch den Export der Kupfer-Nickel-Matte (Devisenzu-
    fluß) als auch durch den Import von Vorleistungen (De-
    visenabfluß) und durch die Überweisung von Zinszah-
    lungen und Gehältern (Devisenabfluß) und

-   der Technologieentwicklung und den -transfers inner-
    halb Botswanas sowie den Importen von 'know-how'[1].

Zunächst wird eine volkswirtschaftliche Kosten-Nutzen-Analyse durchgeführt, die sich vorerst auf die Berücksichtigung der direkten Effekte beschränkt.

---

1) Die Problematik der Erfaßbarkeit und Quantifizierbarkeit ist bekannt. Maßgröße könnten (inter)nationale Lizenz- und Patentbilanzen sowie Forschungs- und Entwicklungs-
aufwendungen in den Unternehmen sein.

Inputdaten sind die Investitionen für das Projekt (Hüttenkomplex) [1], die Betriebskosten und die Erlöse [2]. Das Investitionsvolumen ist um den Betrag der für die importierten
Vorleistungen zu entrichtenden Zölle zu vermindern. Im
volkswirtschaftlichen Sinne sind die von BCL abzuführenden
(Import-)Zölle ein Einkommenstransfer vom Unternehmen zum
Staat. Es handelt sich demnach nur um eine Umverteilung
von Einkommen ohne Einsatz realer Güter. Gleiches gilt für
die Kürzung der Betriebskosten um die an den Staat zu zah-
lenden 'royalties' (Bergbaurechte). Den Betriebskosten werden die Personalkosten, getrennt nach inländischen und ausländischen Arbeitskräften, und die Kosten der Betriebsunter-
haltung zugerechnet. Es wird für die Bewertung des Nutzens
der Einkünfte ausländischer Arbeitskräfte ein Verbleib von
55 v.H. im Lande und ein Transfer von 45 v.H. unterstellt.
Die Produktion der Hütte wird ausnahmslos exportiert. Insofern läßt sich der Output problemlos bestimmen und mit dem
fob-Exportpreis bewerten. Die Transportkosten gehen dabei
in die Betriebskosten ein.

Die Gegenüberstellung der Gegenwartswerte (d.h. abgezinst)
von direkten gesamtwirtschaftlichen Kosten und Nutzen des
Bergbauprojektes führt - auch unter Berücksichtigung verschiedener Kosten- und Nutzendefinitionen[3] sowie alternativer Abzinsungssätzen - nur zu einem einzigen Nutzen-Kosten-Quotienten, der über 1 liegt. Mithin kann nicht von
einem direkt zurechenbaren Nettonutzen des Projektes gesprochen werden (Tabelle 15).

---

1) Vgl. W. WAGNER, a.a.O., S. 59 ff., insbesondere die ausführliche Diskussion der
   methodischen Probleme der konkreten Bewertung von Industrieprojekten (z.B. die Ver-
   einbarung variabler Zinssätze, Verschiebungen von Rückzahlungen).

2) Als Abzinsungsfaktor werden alternativ 8 v.H. und 10 v.H. gesetzt.

3) Die Bewertung des volkswirtschaftlichen Lohnsatzes mit null entspricht der Annahme,
   daß durch den Einsatz ungelernter, einheimischer Arbeitskräfte kein Produktionsausfall
   an anderer Stelle entsteht (Schattenpreis der ungelernten Arbeit gleich null).
   Vgl. hierzu W. HAMMEL und H.R. HEMMER, Cost-benefit-Analyse bei Projekten in Entwicklungsländern, Frankfurt 1972, S. 12-14.

Tabelle 15: DIREKTE UND GESAMTE VOLKSWIRTSCHAFTLICHE NETTONUTZENWERTE DES PROJEKTES SELEBI-PHIKWE BEI ALTERNATIVEN BEWERTUNGSANSÄTZEN (in v.H., in Mill. Pula)

Kombinationsmöglichkeiten der alternativen Bewertungsansätze[a]	Nutzen-Kosten-Differenz (in Mill. Pula) Abzinsungsfaktoren		Kosten-Nutzer-Quotient (in v.H.) Abzinsungsfaktoren	
	8 v.H.	10 v.H.	8 v.H.	10 v.H.
I , B_A , E_A	- 97	- 116	0,84	0,78
I , B_A , E_B	- 48	- 81	0,92	0,85
I , B_B , E_A	- 36	- 66	0,93	0,86
I , B_B , E_B	+13	- 31	1,03	0,94

Kombinationsmöglichkeiten der alternativen Bewertungsansätze bei der direkten Nutzenermittlung[a]	Primär-nutzen einheitl. Abzinsungsfaktor 8 v.H.	Sekundär-nutzen	Gesamt-nutzenwert 8 v.H.	Primär-nutzen einheitl. Abzinsungsfaktor 10 v.H.	Sekundär-nutzen Abzinsungsfaktor 10 v.H.	Gesamt-nutzenwert 10 v.H.
I , B_A , E_A	- 97	68	- 29	- 116	58	- 58
I , B_A , E_B	- 48	68	+ 20	- 81	58	- 23
I , B_B , E_A	- 36	68	+ 32	- 66	58	- 8
I , B_B , E_B	+ 13	68	+ 81	- 31	58	+ 27

a Erläuterungen siehe zu den alternativen Bewertungsansätzen A bzw. B in Tabelle A 13.

Quelle: Eigene Berechnungen und Zusammenstellung der Berechnungen von W. WAGNER, a.a.0., S. 69,78.

Insofern ist zu prüfen, ob die Berücksichtigung der Sekundärnutzen zu einer positiveren Bewertung führen kann. Zu
nennen sind zunächst die Beschäftigungseffekte, die bei dem
Bau der Infrastruktur auftreten.[1] Dieses sind Arbeitsplätze in Verbindung mit dem Bau des Shashe-Staudammes, des Koh-
kekraftwerkes bei Selebi-Phikwe sowie der Erschließung und
dem Ausbau der für die Stromerzeugung benötigten Steinkohle
bei Morupule. Die Beschäftigung in den sonstigen Wirt-
schaftszweigen der Stadt Selebi-Phikwe wird zeitlich ge-
staffelt dem Projekt zugerechnet. Es wird mit Durchschnitts-
werten von 50 v.H. (1974-1985), 40 v.H. (1986-1990) und 30
v.H. (1990-2000) gearbeitet.

Der Ausbau der Infrastruktur erfordert den Einsatz von In-
vestitionsgütern, die als Vorleistung weitgehend importiert
werden. Für den Staat bedeutet dieses ein Kapitalzufluß in
Form von Importzöllen, die sich somit als Nettonutzenkompo-
nente zeigen.

Die Berechnung des Sekundärnutzens erfolgt wiederum zu al-
nativen Abzinsungssätzen. Es ergibt sich insgesamt ein be-
achtlicher Nutzen -Wert (Tabelle A 13). Einen wesentlichen
Beitrag zu der Wertschöpfung leisten das Baugewerbe (einschließlich des Auf- und Ausbaues der Infrastruktur) und
der Handel.[2] Der Beschäftigungsnutzen im Sektor Verkehr
und besonders im Verarbeitenden Gewerbe ist demgegenüber
niedrig zu bewerten. Ein Grund hierfür liegt in der geringen Leistungsfähigkeit des Verarbeitenden Gewerbes von

---

1) Der Beschäftigungsnutzen wird mit der realen Faktorentlohnung je nach Wirtschaftszweig (der Anteil der von ausländischen Arbeitskräften erhaltenen und im Inland
verbleibenden Einkünfte beträgt 55 v.H.) - deflationiert um den Lebenshaltungskosten-
index - gemessen, s. W. WAGNER, a.a.O., S. 72-74.

2) Während der Bausektor in Zukunft erheblich an Bedeutung verlieren wird, kann mit
einer gleichzeitig kräftigen Zunahme im Handelssektor gerechnet werden. Vgl. SELEBI-
PHIKWE TOWN COUNCIL, Selebi-Phikwe Development Plan, Working Paper 4., Industry and
Employment, a.a.O., S. 3.

Botswana, denn ein Großteil der Vorleistungen wurde und wird aus dem Ausland bezogen. Daher werden in diesem Wirtschaftszweig kaum Rückkopplungseffekte wirksam (vgl. Tabelle A 13). Allein an dem Wert der Importzölle kann ermessen werden, welchen Umfang der Import von Vorleistungen aufweist.[1]

Abschließend sind direkte und indirekte Nutzen den Gesamtkosten gegenüberzustellen (Tabelle A 14). Je nach Bewertungsgrundlage und alternativer Setzung des Abzinsungsfaktors ergeben sich positive und negative Gesamtnutzenwerte für das Projekt. Damit wird die Bedeutung unterschiedlicher Bewertungsansätze offensichtlich, reichen doch die Ergebnisse von -58 bis +81 Mill. Pula.

Bezogen auf die Stadt Selebi-Phikwe lassen sich folgende Schlüsse ziehen:

- Je wirtschaftlicher BCL arbeitet, um so günstiger liegt -ceteris paribus - der direkte Nutzen-Kosten-Quotient;

- wächst der Anteil inländischer Produkte an dem Gesamteinsatz an Vorleistungen, dann führt dieses im Wege der Rückkopplung auf vorgelagerte Wirtschaftszweige zu einer Erhöhung der indirekt induzierten Beschäftigung;

- mit einem abnehmenden Einsatz ausländischer Arbeitskräfte (ersetzt durch einheimische) steigt der in Botswana nachfragewirksame Anteil an dem entsprechenden Gesamteinkommen [2].

---

1) Genaue Zahlen sind enthalten in den jährlichen Außenhandelsstatistiken des DEPARTMENT OF CUSTOMS AND EXCISE, External Trade Statistics, CSO, MFDP (eds.), Gaborone, versch. Jgg.

2) Unterstellt wird dabei, daß die einheimischen Arbeitskräfte über 55 v.H. der Einkommenshöhe ausländischer Arbeitskräfte erhalten werden, wenn sie jene ersetzen.

Für die endgültige Bewertung der Stadt Selebi-Phikwe als Wachstumspol kann das Bergbauprojekt für die Kosten-Nutzen-Analyse durchaus verwendet werden; denn andere bedeutende Industrieunternehmen, die nicht mit diesem Bergbauprojekt kostenmäßig verbunden sind und von denen merkbare Impulse ausgehen können, finden sich in Selebi-Phikwe nicht.

Ein anderes Problem zeigt sich in der Unmöglichkeit einer exakten monetären Bewertung sekundärer Kosten (z.B. die Belastung der natürlichen Umwelt durch das Projekt) oder Nutzen (z.B. der Transfer technologischen Wissens, die Erhöhung des Ausbildungsstandes der Bevölkerung durch staatliche und betriebliche Einrichtungen)[1]. In diesem Falle könnte nur eine Nutzwertmatrix als Berechnungsgrundlage genommen werden. Eine derartige Nutzwertanalyse würde sich auch für die Untersuchung der Impulswirkung von Selebi-Phikwe auf das Umland anbieten.[2]

Diese Vorgehensweise setzt allerdings die Primärerhebung der benötigten Daten voraus. Wesentliche Bestandteile einer solchen Datenmenge ließen sich zudem für die Berech-

---

1) Zu nennen ist der Ansatz von IWERSEN, den Nutzen von Bildung und Ausbildung als Gehaltsdifferenz zwischen dem erreichten und dem zuvor gehaltenen Qualifikationsniveau zu messen resp. zu schätzen und die Kosten in Form von Ausgaben für Bildungs- und Ausbildungseinrichtungen zu erfassen. Ein wesentlicher Einwand gegen eine solche Vorgehensweise liegt in der unvollständigen Erfassung der jeweiligen Nutzenkomponenten. Der Gradmesser der Gehaltsstufe spiegelt nur eine Komponente wider. Die Schulbildung findet in dem Ansatz keine explizite Berücksichtigung. Die Frage des 'time lag' ist gleichfalls nicht beantwortet. Vgl. A. IWERSEN, Die Bestimmung von Nutzen und Kosten des Rohstoffprojektes Selebi-Phikwe, unveröffentlichtes Manuskript, Hamburg 1982, S. 14.

2) Beispielsweise sei die Nachfrage des Pols nach landwirtschaftlichen Gütern (Produkten) genannt. So soll in den achtziger Jahren verstärkt deren Anbau im Umland gefördert werden. Vgl. SELEBI-PHIKWE-TOWN COUNCIL, Selebi-Phikwe Development Plan, Working Paper 7. A Regional Role for Selebi-Phikwe, Selebi-Phikwe 1982, S. 9 f.

nung der Reichweite zentralörtlicher Funktionen der Stadt verwenden. Die explizite Berücksichtigung der jeweiligen Datenanforderungen der beiden Methoden in den empirischen Erhebungen wäre optimal. Damit wäre die Möglichkeit gegeben, nicht nur die Impulsstärke (-gebung) von Selebi-Phikwe zu bestimmen, sondern auch die jeweiligen Impulswirkungen zu berücksichtigen und zu bewerten.

3.4. Zusammenfassende Bewertung des Wachstumspolcharakters ausgewählter Städte in Botswana

Die Städte Gaborone, Francistown, Lobatse, Selebi-Phikwe, Orapa und Jwaneng sind mit den verschiedenen Analysemethoden untersucht worden.

Zunächst identifiziert der auf der Beschäftigungsentwicklung basierende Standortquotient alle sechs Städte - im Vergleich zu allen anderen betrachteten Orten - als überdurchschnittlich stark gewachsen. Werden jedoch dabei die Städte untereinander in ihrer Entwicklung verglichen (Shift-Analyse), zeigen sich Lobatse und Gaborone kaum als besonders attraktive Standorte. Wird die absolute wirtschaftliche Entwicklung zu Grunde gelegt, dann hat Gaborone den volumenmäßig größten Beschäftigungszuwachs zu verzeichnen. Bei Betrachtung der Investitionsentwicklung in den Städten Lobatse und Selebi-Phikwe erlaubt wiederum die Shift-Analyse Rückschlüsse auf die Impulskraft der jeweiligen Großprojekte von BMC und BCL. Während in Lobatse von BMC kaum eine stimulierende Wirkung ausgeht, fördert das Kupfer-Nickel-Projekt der BCL durchaus eine allgemeine Investitionsentwicklung in der Stadt.

Der Wachstumscharakter (d.h. die Impulskraft) der genannten Städte[1] läßt sich wie folgt umreißen:

Gaborone : Funktion als Hauptstadt, größtes lokales Produktions-, Beschäftigungs-, Nachfrage- und Investitionsvolumen, hohes innovatorisches Potential und hoher Verflechtungsgrad, Impulswirkung auf lokaler, regionaler und nationaler Ebene.

Francistown : Funktion als Grenzstadt, Impulswirkung überwiegend auf lokaler und regionaler Ebene.

Lobatse : Geringer Verflechtungsgrad, kaum lokale Impulswirkung (ausgenommen von BMC selbst), nationale Impulswirkung sowohl über den Ankauf von Rindern als auch die sekundären Effekte (Devisenzuflüsse aus Exporten von Fleisch und Häuten).

Orapa und Jwaneng : Geringe Verflechtung, kaum lokale und so gut wie keine regionale Impulswirkung. Nationale Impulswirkung durch sekundäre Effekte (Devisenzuflüsse aus Exporten von Diamanten und aus Einnahmen von 'royalties').

---

1) Selebi-Phikwe wird separat in Abschnitt 3.5. behandelt.

3.5.   Zusammenfassung der Ergebnisse für Selebi-Phikwe an-
       hand des Bewertungsschemas

Die Impulskraft von Selebi-Phikwe soll mittels der verschiedenen empirischen Analysemethoden bewertet werden (gemäß
dem Schema in Tabelle 7, S. 76).

Der Zentralitätsgrad spiegelt die lokale Häufung zentralörtlicher Einrichtungen in absoluter und relativer Form
wider. Für Selebi-Phikwe ist die Bestimmung in Ermangelung
spezifischer aktueller Daten (für Tabelle 13) nicht möglich.
Zudem fehlen auch die Vergleichsgrößen anderer Städte.[1]
Die Stadt ist aufgrund ihrer Bevölkerungszahl als Zentraler
Ort der Rangstufe 2. (siehe Tabelle 12) einzuordnen.

Aus dem gleichen Grund kann ein Standortkatalog für Selebi-
Phikwe nicht erstellt werden. Lediglich für die Kupferhütte
sind die Standortanforderungen aufgeführt (siehe Tabelle 4).
Die Ausstattung der Stadt mit Standortfaktoren (Basis- und
Strukturkomponenten) ist äußerst umfangreich. Mängel
bestehen aber in der geringen Ansiedlung von Unternehmen
des Verarbeitenden Gewerbes. Daher können nur wenige Agglo-
merationsvorteile von möglichen Vorwärts- und Rückkopplungs-
effekten erwartet werden.

Die wirtschaftliche Entwicklung läßt sich weitgehend mit
Kennziffern beschreiben. Sowohl Beschäftigungsanstieg als
auch Investitionsneigung zeigten sich überdurchschnittlich.
Der Standortquotient als Ausdruck des Industrialisierungsgrades liegt bei 1,33 (siehe Tabelle 11).

Die Shift-Analyse ergab für Selebi-Phikwe im Städtever-
gleich stets positive Werte für Standort- und Strukturfakto-

---

1) Die Auswertung des Census 1981 ist im DTRP zurückgestellt, um die laufende 'feasibil-
   ity'-Studie über das Kohleprojekt Morupule (Kgaswe Regional Study) bearbeiten zu
   können (im Jahr 1983). Schriftliche Auskunft von S. Larsson vom 19.9.83.

ren, sei es für die Beschäftigungs-, sei es für die Investitionsentwicklung (siehe Tabelle A 9, A 10 im Anhang).

Die Verflechtungsintensität wurde mittels eines Gravi - tationsansatzes bestimmt. Bis auf die Verbindung Lobatse - Selebi-Phikwe wurden jeweils weit überdurchschnittliche Verkehrsverflechtungen gemessen.

Die Kosten-Nutzen-Analyse erbrachte für das Kupfer-Nickel-Projekt bei Anwendung alternativer Kosten- und Ertragsgrößen für die gesamtwirtschaftliche Betrachtung der Primärnutzen lediglich einen einzigen Nutzenquotient über 1. Die Berücksichtigung der Sekundärnutzen ergab dagegen gleichermaßen positive und negative Gesamtnutzenwerte (Tabelle 15).

Das Gesamtergebnis der einzelnen Untersuchungen weist eindeutig auf den Wachstumspolcharakter von Selebi-Phikwe hin. Insofern empfiehlt sich diese Stadt für eine weitere Förderung. Da die Erzressourcen um das Jahr 2000 erschöpft sein werden, sollte insbesondere das Verarbeitende Gewerbe sowie die wirtschaftliche Verflechtung Pol-Umland entwickelt werden, um beizeiten die Dominanz des jetzigen Bergbauprojektes zu vermindern.

Tabelle 16: BEWERTUNG DER IMPULSKRAFT VON SELEBI-PHIKWE

Bewertungs-kriterium	Bewertungsskala						
	-3	-2	-1	0	+1	+2	+3
allg. wirtschaftliche Entwicklung							•
Zentralitätsgrad							•
Standortkatalog					•		
Standortquotient							•
Shift Analyse:							
– Standortfaktor							•
– Strukturfaktor							•
Verflechtungsgrad							•
Kosten-Nutzen-Analyse:							
– Primärnutzen			•				
– Sekundärnutzen				•			

0 = neutral; -1 bis-3 negativ (unterdurchschnittlich) bis stark negativ (weit unterdurchschnittlich); +1 bis +3 positiv (überdurchschnittlich) bis stark positiv (weit überdurchschnittlich).

Quelle: Entwurf S. BRANDIS, eigene Berechnungen.

4. BEURTEILUNG DER EMPIRISCHEN ANALYSEMETHODEN

Nach der exemplarischen Überprüfung der Verfahren zur Untersuchung von Wachstumspolen in Botswana sind die Anwendungsbereiche abzugrenzen, für welche die jeweiligen empirischen Analysemethoden geeignet sind. Es sollen jedoch nicht alle sich anbietenden Bereiche genannt werden. Vielmehr steht im Vordergrund, die jeweils zeit- und kostengünstigen Methoden zusammenzustellen. Hierbei bieten sich neben den theoretischen Überlegungen für eine Weiterentwicklung der Methoden auch Kombinationen in der Anwendung an, wenn es zum einen um die vollständige zusammenfassende Bewertung von Impulsgebung, -übertragung und -wirkung geht, und wenn zum anderen die allgemeine Aussagekraft durch sich methodisch ergänzende Analyseverfahren merkbar gesteigert werden kann. Auch fällt es im allgemeinen bei Felduntersuchungen unter finanziellen Gesichtspunkten kaum ins Gewicht, wenn die von zwei oder mehr Methoden jeweils benötigten Daten mit entsprechenden Fragebögen gemeinsam erhoben und anschließend, zumeist getrennt, ausgewertet werden.

Ein generelles Bewertungsschema soll nicht nur die Erfassung und Bewertung des Ist-Zustandes erlauben, sondern auch aufzeigen, wo gegebenenfalls zielgerichtet regionalplanerische Maßnahmen angesetzt werden können. Wichtig ist in diesem Zusammenhang die Definition der jeweiligen Ziele bzw. des Bündels von Einzelzielen. Es interessieren jedoch weniger die allgemeinen Ziele, wie wirtschaftliches Breitenwachstum oder Vollbeschäftigung, sondern diejenigen, die sich aus einzelnen Komponenten des Interaktionsmodells ableiten lassen. Als Beispiele lassen sich nun die Ansiedlung von Gemüseanbau- oder Handwerksbetrieben - mit entsprechender Beschäftigungswirkung - im Umland zur Befriedigung der

Nachfrage von Pol und Umland[1] ebenso anführen wie die Förderung von exportorientierten Industrien, die neben den positiven Effekten auf die nationale Wirtschaft auch eine Verbesserung der Devisenposition des Staates bewirken sollen.

Die Exemplifizierung der empirischen Analysemethoden hat größtenteils die theoretisch bereits herausgearbeiteten Mängel und Schwächen belegt und auch die Kombination mehrerer Methoden als zweckmäßig gezeigt. Letzteres hat in einigen Fällen durchaus zu einer Evaluierung des Gesamtablaufes von Impulsgebung, -übertragung und -wirkung geführt.

4.1.   Bestimmung der Einsatzbereiche der Methoden

Abschließend werden die Methoden nochmals einzeln angesprochen und in ihrer jeweiligen Eignung für die Erfassung und Bewertung von Wachstumspolen - subsumiert unter dem Begriff der Impulskraft - beurteilt.

Auf die regionalen Kennziffern braucht in diesem Zusammenhang nicht weiter eingegangen zu werden, da ihr Einsatzbereich einen Großteil aller möglichen Fragestellungen in der Regionalplanung abdeckt. So können sie nicht nur in formaler Form (z.B. Standortquotient als Maßgröße für die Impulskraft) dargestellt werden, sondern auch als Basisdaten Eingang in weiterführende Berechnungen finden. Letzteres ermöglicht und bedingt häufig die Kombination mit anderen Methoden, wenn verschiedene Ansätze miteinander inhaltlich zu verknüpfen sind.

---

1) Die Bedeutung der 'cash-crop'-Produktion für die ländliche Entwicklung betonen und verdeutlichen anhand eines Interaktionsschemas H. MICHEL/W. OCHEL, a.a.O., S.154 f.

Die zentralörtlichen Funktionen sind für die Bewertung eines Wachstumspols bei Bestimmung seines Attraktivitätsgrades geeignet. Die Festlegung einer funktionalen Hierarchie nach CHRISTALLER (K-Wert) dient lediglich der Einordnung eines Ortes in ein System.[1] Für Entwicklungsstrategien, die auf ein regionales Breitenwachstum auch im Sinne einer flächendeckenden Versorgung mit zentralörtlichen Einrichtungen abzielen,[2] ist eine solche Aufstellung nur als Planungsgrundlage bzw. für anschließende Kontrollzwecke verwendbar.[3]

Für das wirtschaftliche Potential einer Stadt hat der Standortkatalog allerdings einen wesentlich größeren Aussagewert, indem er einen der Indikatoren für die Standortgunst bildet. Abschließend wird ein vereinfachtes Identifikationsschema als Kombination von wesentlichen Komponenten aus dem Angebot zentralörtlicher Einrichtungen, aus dem Standortkatalog und dem Interaktionsmodell vorgestellt. Zur besseren Evaluierung des Entwicklungspotentials im Umland selbst wird die Erfassung getrennt nach Stadtgebiet und Umland durchgeführt.[4]

---

1) Die Verwendung alternativer K-Werte für verschiedene zentralörtliche Funktionen ist die beste Vorgehensweise. In Anlehnung an CHRISTALLER stellt ein operationales und empirisch überprüftes Modell vor: R.E. PRESTON, The Structure of Central Place Systems, in: Economic Geography, Vol. 47 (1971), Nr. 2, S. 136-170. Siehe auch P. HAGGET, a.a.O., S. 157 f. Die Bestimmung der funktionalen Hierarchie mittels Gravitationsansatz (REILLY) für Intensitäten der Telephonanrufe zeigt J.-R. BOUDEVILLE, Polarisation und Urbanisation, in: économie appliquée, Tome XXVIII (1975), No. 1, S. 215-241.

2) Vgl. D.B.W.M. VAN DUSSELDORP, Planning of Service Centres in Rural Areas of Developing Countries, Wageningen (The Netherlands) 1971, S. 31.

3) Vgl. B. JENSSEN, Abbau räumlicher Unterschiede in Algerien durch Förderung von Mittelzentren, in: B.JENSSEN, K.R. KUNZMANN (Hrsg.), Aspekte der Raumplanung in Entwicklungsländern, Dortmund 1982, S. 186-205.

4) Siehe Tabelle A 14 im Anhang. Vgl. M.E. HARVEY, a.a.O., S. 229-243. Eine Aufstellung für Planungszwecke bringen R.P. MISRA, K.V. SUNDARAM, a.a.O., S. 160 ff.

Eine methodische Weiterentwicklung der Shift-Analyse bietet sich nicht an. Denn die statistische Vorgehensweise dieser Methode arbeitet mit Abweichungen vom Mittelwert, bezogen auf die Entwicklung in einem Zeitraum. Eine Gewichtung der Ergebnisse (z.B. mittels der realen Entwicklung, absolut oder in v.H.) für die absoluten Veränderungen - berechnet nach der Differenzmethode - ist zwar denkbar, jedoch kann sie nur die (Über-) resp. Unterdurchschnittlichkeit der Werte relativieren.

Sofern die theoretisch aufgezeigten und empirisch belegten Mängel berücksichtigt werden, kann dieser methodische Ansatz für den Vergleich der wirtschaftlichen Entwicklung in Städten herangezogen werden, denn sowohl die Standortvorteile für einzelne Wirtschaftssektoren als auch die Ausstattung eines Pols mit Wachstumssektoren können identifiziert werden. Dennoch sollte die Shift-Analyse ausschließlich in Verbindung mit der tatsächlichen Entwicklung der Originärdaten angewendet werden,[1] um Fehlinterpretationen zu vermeiden, die sich möglicherweise auf Standortplanungen oder regionale und wirtschaftliche Strukturplanungen auswirken könnten. Die Verwendung der Ergebnisse für Prognosezwecke ist nur begrenzt zu empfehlen, da ein Trendverhalten unterstellt wird, welches weder das Entstehen resp. die Ansiedlung neuer Branchen noch die Auswirkungen der technologischen Weiterentwicklung ausreichend berücksichtigen kann.

Denkbar ist ferner die Kombination von Shift- und I-O-Analyse. Sind mittels der Shift-Analyse Wachstumsindustrien identifiziert worden, so kann deren Impulskraft anhand der entsprechenden Verflechtungsmatrizen hinsichtlich der Multiplikatorwirkung bzw. der Vorwärts- und Rückkopplungsef-

---

1) Als Beispiel können die Tabellen A 7, A 8 im Anhang genommen werden.

fekte bewertet werden. Je nach Aufbau der Matrix läßt sich auch die räumliche Komponente (Pol, Umland, andere Pole und Gesamtwirtschaft) einbeziehen.

Die empirische Anwendung des Gravitationsansatzes hat den Einsatzbereich dieser Methode bereits eingegrenzt. Die Bestimmung der spezifischen Entfernungselastizität kann

- durch eine nichtlineare Regression der empirisch gemessenen Verflechtungsintensitäten (unter Ausschluß der Null-Wertepaare)[1] und

- durch die empirische Ermittlung einer Transportkostenfunktion

erfolgen. Hierbei können ebenso Schwierigkeiten auftreten wie bei der Abgrenzung und Gewichtung der Interaktionsgrößen M_r und M_j und bei der regressionsanalytischen Bestimmung der Exponentialkoeffizienten a.

Der Gravitationsansatz eignet sich insbesondere zum Messen der über- und unterdurchschnittlichen wirtschaftlichen Interaktionsgrade (Intensitäten) eines Pols mit anderen Polen.

Ferner kann der Gravitationsgedanke in der Bewertung und Planung von Transportnetzwerken (Straße, Gleisbau etc.) hilfreich sein. Damit lassen sich dann auch eine sozioökonomische Bewertung ländlicher Straßen[2] ebenso durchführen

---

1) Voraussetzung ist, daß die zu erhebenden Transportbewegungen auf Transportstrecken gleicher Rangordnung durchgeführt werden. Andernfalls ist auf Transportkostenfunktionen zurückzugreifen; deren mathematische Ableitung siehe bei W. ISARD, Location and Space Economy, New York 1956, S. 222. Die Entfernungselastizität b diskutiert G.O. EWING, Gravity and Linear Regression Models of Spatial Interaction: A cautionary Note, in: Economic Geography, Vol. 50 (1974), No. 1, S. 83-88.

2) Vgl. J. HESSELBERG, Integration and Development in Rural Botswana, Oslo 1982; insbesondere die Aufstellung gewogener Indikatoren zur Bildung eines Interaktionsmaßes S. 105 ff.

wie die Regionalisierung eines Landes nach Transportkosten-
zonen[1]. Die Meßeinheit ist der Preis pro Gewichtseinheit
für einen Kilometer Transportstrecke. Eine solche Einteilung wäre für die Planung sowohl von Standorten zukünftiger
Wachstumspole als auch neuer Straßen zur Erschließung zu-
rückgebliebener Regionen von signifikanter Bedeutung.

Die isolierte Anwendung des Export-Basis-Modells als Untersuchungsmethode zur Bestimmung der Wirtschaftskraft einer
Stadt empfiehlt sich bereits aus theoretischen Gründen
nicht.[2] Jedoch kann der Gedanke der 'basic'- und 'non-
basic'-Aktivitäten bei der Erstellung und Interpretation
von I-O-Matrizen berücksichtigt werden.[3]

Nicht nur für eine ex-post Betrachtung, sondern auch für
Planungs- und Kontrollzwecke ist die I-O-Analyse ein prä-
destiniertes Instrument. Alternative Entwicklungs- und In-
vestitionsstrategien können mit ihren jeweiligen Impulswirkungen anhand modellhafter I-O-Matrixberechnungen simuliert[4]
und bewertet werden[5]. Allerdings muß im allgemeinen eine

1) Vgl. G. BORCHERT, Die Wirtschaftsräume Angolas, Hamburg 1967, S. 73 für die Erstellung von Transporttarifen. BORCHERT stellt in diesem Zusammenhang Grenzzonen der
Konkurrenzfähigkeit fest. Siehe hierzu auch: Ebenda, Die Wirtschaftsräume der Elfenbeinküste, Hamburg 1972, S. 75 ff.

2) Die bei einer denkbaren empirischen Überprüfung (anhand von Städten) auftretenden
Probleme faßt in drei Kritikpunkte H.W. RICHARDSON, Regional Economics, a.a.O., S.
166 ff.

3) Beispielsweise kann das durch solche Aktivitäten in einer Stadt generierte Einkommen
- aufgeteilt auf Wirtschaftssektoren - erfaßt werden. Je Sektor lassen sich dann
Einkommensmultiplikatoren berechnen. Zur technischen Vorgehensweise siehe B.A. KIP-
NIS, a.a.O., S. 347-349. Nach Ablehnung eines reinen Export-Basis-Modells wird
das gesuchte wirtschaftliche Wachstumsmodell (zum Testen von drei Hypothesen) in
Form einer Interaktionsmatrix der 'basic'-Sektoren entwickelt von D.F. SCHREINER/
J.F. TIMMONS, a.a.O., S. 9-12.

4) Möglichst zu konstanten Preisen. Zur methodischen Problematik der Simulation siehe
A. BIGSTEN, a.a.O., S. 164 f. Einen Überblick über sein Modell bringt BIGSTEN auf
S. 22-27.

5) Das Schema einer modellartigen Verflechtung zweier Pole zeigt Abb. 11. Die empirischen Werte können an den Pfeilen vermerkt werden, wobei je Wirtschaftssektor eine
Matrix zu erstellen ist. Siehe auch W.Z. HIRSCH, Application of Input-Output Techniques to Urban Areas, in: T. BARNA (ed.), Structural Interdependence and Economic
Development, New York 1963.

Abb. 11:   SCHEMA DER LIEFER- UND EMPFANGSSTRÖME VON DEN POLINDUSTRIEN ZWEIER POLE

A. Intermediäre Inputs der Polindustrien[a]

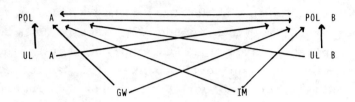

B. Verkäufe der Polindustrien[a]

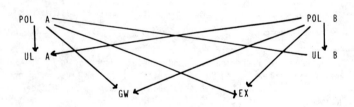

Legende: UL = Umland
           GW = Gesamtwirtschaft
           IM = Importe   ⟶   Güterstrom
           EX = Exporte

a   In den Produktionskonten erfaßte Stromgrößen.

Quelle: Entwurf S. BRANDIS nach F.BUTTLER, a.a.O., S. 117 ff.

Primärerhebung vorangehen. Aufgrund des dafür erforderlichen hohen Zeit- und Kostenaufwandes ist es selten möglich,
zu Kontrollzwecken nochmals eine spätere Erhebung durchzuführen. Daher kann unter Berücksichtigung der methodischen
Probleme das Datenmaterial für die Planung auch für die anschließenden Soll-Ist-Vergleiche herangezogen werden, wenn
die Ist-Zahlen für die Eingabe in die Matrix geeignet und
kompatibel sind.

Beispielsweise wäre der Bau eines Einkaufszentrums in seiner primären Impulswirkung wie folgt zu bemessen:[1]

- Benutzung des direkten Beschäftigungsanstieges über die
  Erfassung der Produktionszunahme im Bausektor (Benutzung
  eines Produktionsmultiplikators, um dann mittels des
  Verhältniswertes zwischen Produktion und Arbeitseinsatz
  die Veränderung der Beschäftigung bestimmen zu können).

- Berechnung des indirekten Beschäftigungsanstieges in anderen Sektoren, der durch den Produktionsanstieg im Bausektor ausgelöst wird (Benutzung eines Produktionsmultiplikators [2]).

- Berechnung des induzierten Beschäftigungsanstieges, der
  von dem erhöhten Einkommen der Haushalte ausgelöst wird
  (Benutzung eines Produktionsmultiplikators [2]).

Die sekundäre Impulswirkung für die Zukunft ist zweifach.
Zum einen muß ein solcher Gebäudekomplex instandgehalten

---

1) Vgl. die Untersuchungen über die Eignung von I-O-Matrizen für die Erfassung von
   Liefer- und Empfangsverflechtungen in einem Industriekomplex, für die Berechnung
   von Produktionsmultiplikatoren einzelner Wirtschaftssektoren sowie für die Wirkungs-
   analyse bei: J. de KANTER, W.I. MORRISON, a.a.O., S. 120-149.

2   Vgl. J. de KANTER, W.I. MORRISON, a.a.O., S. 134 f.

werden (Beschäftigungseffekt) und zum anderen werden die sich in diesem Zentrum ansiedelnden Geschäfte für eine weitere Impulsgebung sorgen.

Die Messung der primären und sekundären Impulswirkungen auf das Umland kann nur durch eine gesonderte Erhebung erfaßt und anschließende bewertet werden.[1]

Die Durchführung der Kosten-Nutzen- und Nutzwert-Analyse für die Bewertung über die gesamte Lebensdauer von Großprojekten eines Wachstumspols erfordert die Festlegung und Quantifizierung der Kosten und Nutzen. Hierbei können sich erhebliche Änderungen in der späteren zeitlichen Entwicklung ergeben. Dieses kann beispielsweise der Fall sein bei:[2]

- Erlösschätzungen für die abzusetzenden Produkte,

- Lagerstättenrisiken, Ressourcenengpässe,

- Auftreten jeglicher Art von Substitutionsmöglichkeiten für die zukünftig benötigten Ersatzinvestitionsgüter oder für eigene abzusetzende Produkte; d.h. technologischer Wandel,

- Entwicklung der Zinsen (Inflation) und Rückzahlungsmodi,

- Energiekosten,

- Entwicklung der Besteuerung (einschl. Zollerhebung),

- Abschätzung der Infrastrukturkosten,

- Abgrenzung direkter und indirekter Kosten- und Nutzenkomponenten sowie deren jeweilige Erfassung resp. Bewertung im Zeitablauf.

---

1) Als Verfahren hierfür eignen sich Faktorenanalyse, Gravitationsansatz und Kennziffern aus Erhebungen.

2) Eine darüber hinausgehende Kritik der allgemein bekannten Schwachpunkte der Kosten-Nutzen-Analyse findet sich bei: R.P. MISRA, A critical analysis of the traditional cost-benefit approach to economic development, in: development, Vol. 23 (1981), No. 3/4, S. 55 ff. Gleichfalls zeigen die Grenzen des Einsatzbereiches der Kosten-Nutzen-Analyse auf: W. HAMMEL/H.R.HEMMER, a.a.O., S. 45 f.

Um einen gewissen Grad dieser Unsicherheiten berücksichtigen zu können, sollten stets die Berechnungen mit mehreren
Alternativen zukünftiger Entwicklungen der einzelnen Parameter durchgeführt werden. Auf diese Weise können besonders
gravierende Veränderungen einzelner Kosten- oder Ertragsgrößen in ihrer Wirkung auf das Gesamtergebnis (z.B. den
Nutzen-Kosten-Quotienten) bemessen werden.

Dennoch bleibt die Kosten-Nutzen- resp. Nutzwert-Analyse
ein hervorragendes Instrument zur Bewertung und Planung von
Großprojekten in einem Wachstumspol.[1] Wird sie in Verbindung mit einer I-O-Untersuchung (z.B. Lieferverflechtungs-
matrix des Pols mit anderen Polen und des Pols mit der
Gesamtwirtschaft) durchgeführt, kann auch der räumliche Aspekt einbezogen werden. Der Nutzen ließe sich dann lokalisieren und als Impulswirkung quantifizieren.

4.2.   Allgemeine Anwendbarkeit des Bewertungsschemas

Die empirische Anwendung des Bewertungsschemas hat seine
Praktikabilität verdeutlicht. Dieses soll jedoch nicht in
einer allgemein- und endgültigen Form festgelegt werden.
Vielmehr ist das Schema den jeweiligen Anforderungen einer
Untersuchung von Wachstumspolen in Entwicklungsländern an-
zupassen. Denn sowohl die allgemeine Datenlage als auch die
unterschiedlichen Typen von Wachstumspolen (z.B. isolierte
Minenstadt, Hafen- und Handelsstadt etc.) bedingen den Ein-

---

1) So bietet sie sich auch als technische Analyse mit Investitionskalkulationen für
   alternative Entwicklungsstrategien an. Für Gaborone beispielsweise wurden mehrere
   Stadtentwicklungsprojekte entsprechend berechnet, um geeignete Strategien herausarbeiten zu können. Siehe hierzu die Kosten-Vergleiche von REPUBLIC OF BOTSWANA,
   Gaborone Growth Study, Final Report Conclusions and Recommendations, a.a.O., S. 11
   ff.

satz bestimmter Analysemethoden und Gewichtungen der damit gewonnenen Ergebnisse. Mittels dieser Ergebnisse läßt sich die Impulskraft eines Wachstumspols bewerten, und es können dann Aussagen über die tatsächlichen Eigenschaften als Wachstumsinitiator gegeben werden. Jedoch sollte die Untersuchung stets unter Berücksichtigung der generellen wirtschafts- und regionalpolitischen Entwicklungsplanung des betrachteten Entwicklungslandes vorgenommen werden.

4.3   Planung und Kontrolle

Die Impulskraft ist bei der Planung einer Stadt resp. eines Ortes und der Entwicklung entsprechender Strategien das wesentliche Kriterium. Neben dem Wachstumspotential sind aber gleichzeitig die übergeordneten regionalen und nationalen Ziele zu berücksichtigen.[1] Als nationale Ziele der räumlichen Entwicklung in Ländern der Dritten Welt nennt WALLER

"a)   nationale Integration, Erhöhung der Produktivität der Bevölkerung, soziale Entwicklung.

 b)   Verbesserung der Einkommensverteilung, Schaffung neuer Arbeitsplätze, Erweiterung des internen Marktes.

 c)   Erhöhung der Exportproduktion, Dynamisierung des Beitrages des Exportsektors, Verminderung durch externe Faktoren"[2].

---

1) Vgl. R.A. OBUDHO, P.P. WALLER, Periodic Markets, Urbanization, and Regional Planning, A Case Study for Western Kenya, London 1976, S. 199-210; D.A. RONDINELLI, K. RUDDLE, Urbanization and Rural Development, New York 1978, S. 63-78.

2) P.P. WALLER, Probleme und Strategien der Raumplanung in Entwicklungsländern, a.a.O., S. 102. Siehe hierzu auch W. ZEHENDER, Botsuana, Länderprogramm für die achtziger Jahre, Berlin o.Jg., S. 7-13.

Die Bewertung der im Pol stattfindenden Entwicklung ist vorstehend bereits durchgeführt worden. Zusätzlich sind weitere Aspekte zu untersuchen, wenn das bestehende und - gegebenenfalls vorher erweiterte - Potential genutzt werden soll. Diese sind dann beispielsweise[1]

- die inter- und intraregionale Zugänglichkeit des Pols (Zum einen muß für interessierte Firmen und Arbeitskräfte aus anderen Regionen und Städten eine attraktive Zugänglichkeit bestehen; zum anderen ist den Bewohnern des Umlandes auch die Möglichkeit der Benutzung zentralörtlicher Einrichtungen ebenso attraktiv zu gestalten, wie die Chance, als Pendler eine Beschäftigung in der Stadt zu finden),[2]

- Das Arbeitskräftepotential (Der Umfang sowie die Ausbildungsvielfalt und -stand der Beschäftigten in einer Stadt sind ebenso von Bedeutung wie die Qualität und der Umsetzungsgrad der unternehmerischen Fähigkeiten.),

- das Angebot an zentralörtlichen Einrichtungen und sonstigen Standortfaktoren(Dieses ist gegebenenfalls zu verbessern und zu erweitern, wenn beispielsweise in der Bestandsaufnahme bereits Engpässe und Mängel aufgedeckt worden sind.) und

- die Erschließbarkeit (Inwertsetzung) natürlicher Ressourcen.

---

1) Diese Aspekte sind gleichfalls für eine Analyse der Entwicklungsfähigkeit der Wirtschaft im Umland geeignet, wobei noch besonders die Verfügbarkeit lokaler Kapitalressourcen geprüft werden sollten. Dazu auch M. MOSELEY, Growth Centres in Regional Planning, a.a.O., S. 163 ff.

2) Vgl. C. WEAVER, Development Theory and the Regional Question: A Critique of Spatial Planning and its Detractors, in: W.B. STÖHR, D.R.F. TAYLOR (eds.), Development from Above or Below? Neu Delhi and USA 1981, S. 96 ff.

Ein weiterer Aspekt ist die Impulskraft des Wachstumspols in der Vergangenheit. Mit Sicherheit ist diese ein Indiz auch für zukünftige Stärke; dennoch gilt dieses nur, wenn die Bedingungen für das einstige Wachstum auch weiterhin gegeben sind.

Die Strategie der Entwicklung und Förderung von Wachstumspolen in Entwicklungsländern basiert auf folgenden wesentlichen Komponenten:[1]

- Festlegung der Ziele:

    - Bestimmung der ökonomischen und sozialen Ziele;

    - Bestimmung des Schwerpunktes bei der Schaffung und Förderung eines Wachstumspols hinsichtlich seiner Beziehung zum Umland, zu anderen Polen und der Gesamtwirtschaft;

    - Auswahl seiner geographischen Lage;

- Form der jeweiligen Strategie (z.B. Investitionsförderung, öffentliche Projekte, Steuererleichterungen, sonstige Gesetzgebung);

- Instrumente der gewählten Strategie (konkrete Ausgestaltung der vorgenannten Formen);[2]

- Festsetzung der einzelnen Zeithorizonte.

Sind die entwicklungs- und wirtschaftspolitischen Ziele gesetzt, empfiehlt sich die Einteilung des zeitlichen Ab-

1) Vgl. A. KUKLINSKI, The Strategy of Regional Development Problems and Issues, in: économie appliquée, Tome XXVIII (1975), No. 2-3, S. 401 ff. und T. HERMANSEN, Interregional allocation of investment for social and economic development, a.a.O., S. 159-212.

2) Vgl. UNITED NATIONS CENTRE FOR REGIONAL DEVELOPMENT (UNCRD), Growth Pole Strategy and Regional Planning in Asia, Nagoya (Japan) 1975, S. 444 f.

laufes der Planung und Förderung von Wachstumspolen in vier Stufen (Tabelle 17):[1]

Stufe 1   Bewertende Bestandsaufnahme

Stufe 2   Überprüfung alternativer Strategien mit Feststellung ihrer Zielerreichungsgrade

Stufe 3   Festlegung der optimalen Strategie und ihrer Instrumente

Stufe 4   Plangemäße Durchführung und Kontrolle

Die in der Tabelle 17 vorgenommene Aufteilung der vier Planungsstufen in **A.** und **B.** dient der Trennung von Strategie und Instrumentenentwicklung:

A.   Komponentenanalyse für Strategieentwicklung, - selektion und -durchführung;

B.   Komponentenanalyse für Instrumentenbildung und -anwendung.

---

1) Ein ausführliches Ablaufdiagramm für die Regionalisierung einer nationalen Wirtschaftsplanung - allerdings in einer Zentralverwaltungswirtschaft - zeigt auf B. WINARSKI, The Local Plan and its Interdependence with Planning on National Level, in: K. SECOMSKI (ed.), Spatial Planning and Policy, Theoretical Foundations, Warschau 1974, S. 223. Siehe ferner M.K. BANDMAN, Structure of Growth Poles of Developing Regions, in: R.P. MISRA, D.V. URS, V.K. NATRAJ (eds.), Regional Planning and National Development, Neu Delhi 1978, S. 215-231.
Als konkretes Beispiel siehe G. HENNINGS, a.a.O. S. 76-105; H. MICHEL, W. OCHEL, a.a.O., S. 133-210.

Tabelle 17: ABLAUFSCHEMA DER PLANUNG UND FÖRDERUNG VON WACHSTUMSPOLEN IN ENTWICK-LUNGSLÄNDERN

Wesentliche wirtschaftliche Elemente		Zeitlicher Ablauf der Planung und Förderung von Wachstumspolen
Lokalisierung bestehender Produktionsbranchen im Pol (Umland, in anderen Polen, in der Gesamtwirtschaft)	Stufe 1	A. Erfassung der Standorte von Unternehmen des Produktionskreislaufes der einzelnen Wirtschaftssektoren sowie der intra- und interregionalen Infrastrukturkomponenten B. Identifikation und Bewertung der Standortstruktur und der Unternehmensverflechtung
Identifikation und Bedingungen zur "Inwertsetzung" von lokalen Ressourcen	Stufe 2	A. Berechnung alternativer Entwicklungsstrategien jeweils hinsichtlich struktureller Anpassung und Dauer B. Bestimmung der wesentlichen Parameter des Wachstumspols
	Stufe 3	A. Bestimmung der optimalen Strategie zur Erreichung des Entwicklungszieles B. Festlegung und gegebenenfalls Schaffung der einzusetzenden Instrumente zur wirtschaftspolitischen Umsetzung und Realisierung des Planes
Wirtschaftliche und soziale Infrastruktur	Stufe 4	A. Durchführung der Strategie mit zeitlich abgestuften Kontrolluntersuchungen, um gegebenenfalls Änderungen an der Strategie vornehmen zu können. B. Anwendung der Instrumente. Überprüfung der Wirkung (Soll-Ist-Vergleich, Wirkungsanalyse), um gegebenenfalls neue oder abgeänderte Instrumente einsetzen zu können.

Quelle: Entwurf S. BRANDIS.

5. INTERAKTIONSMODELL UND BEWERTUNGSSCHEMA ALS GRUNDLAGEN FÜR PRAXISBEZOGENE UNTERSUCHUNGEN UND PLANUNGEN VON WACHSTUMSPOLEN

Aus der Darstellung der grundlegenden Theorien zum Wachstumspolkonzept folgernd wurde die Entwicklung eines eigenen Interaktionsmodells als notwendig angesehen und durchgeführt, um die wirtschaftlichen Zusammenhänge und Abläufe innerhalb eines Pols sowie seiner Beziehungen zum Umland, zu anderen Polen und zur Gesamtwirtschaft (resp. Staat) aufzuzeigen. Dieses Modell bietet die Möglichkeit, sowohl einzelne Beziehungen in ihren jeweiligen Wirkungsgefügen als auch die Auswirkungen von jedweder Maßnahme stets auch im Gesamtzusammenhang sehen zu können. Im Verlauf der Arbeit ist daher immer wieder auf dieses Modell zurückgegriffen worden, sei es für die Prüfung der Anwendbarkeit empirischer Analysemethoden, sei es für die Entwicklung von Planungsstrategien.

Die bislang zur Verfügung stehenden empirischen Analysemethoden können für Planungszwecke in Entwicklungsländern im allgemeinen jeweils nur für Untersuchungen von Teilaspekten eingesetzt werden. Solange die daraus resultierenden Ergebnisse isoliert interpretiert werden, bergen sie die Gefahr zu widersprüchlichen oder falschen Interpretationen in sich, und die daraus ableitbaren Berechnungen und Umsetzungen in eine Instrumentalisierung können dann mangel- oder gar fehlerhaft sein. Auf alle Fälle sind sie so nur bedingt oder mit weiterer Überarbeitung für die praktische Handhabe verwendbar.

Die Betrachtung der empirischen Analysemethoden und deren anschließende Überprüfung hat also eine bislang fehlende

Verknüpfung aller relevanten Ansätze in Theorie und Praxis aufgezeigt. Ebenso mangelt es an einer zusammenfassenden Darstellung der Identifikation und der Bewertung entscheidender Charakteristika, die einen Wachstumspol kennzeichnen. Um aber seine Impulskraft in dessen wesentlichen Aspekten messen zu können, wurde ein eigenes Bewertungsschema vorgestellt.

Dieses Bewertungsschema ist als Anregung zu weiteren Untersuchungen auf dem Gebiet der Wachstumspolitik gedacht. Es genügt eben nicht, jeweils nur einen Teilaspekt als Planungsgrundlage heranzuziehen. Vielmehr ist der Pol resp. die Stadt als wirtschaftlicher Impulsgeber an seiner (ihrer) Gesamtwirkung zu bemessen. Die Untersuchung der wesentlichen impulsauslösenden Parameter (Maßnahmen) und Interaktionsabläufe stellt in jedem Falle deren jeweilige Bestandsaufnahme für die Berechnungen sicher, selbst wenn sie in der anschließenden Gewichtung häufig der subjektiven Wertung der Planer unterliegen.

Aus diesem Grund ist das entworfene Interaktionsmodell als Ausgangsbasis für die Aufstellung von jeweiligen Ursache-Wirkungs-Beziehungen zu sehen. Letzteres ist erforderlich, weil Wirkungsanalysen Voraussetzung für die Ausarbeitung von Entwicklungsprogrammen sind, "um den Einfluß von potentiellen Maßnahmen auf verschiedene Ziele abschätzen zu können"[1]. Daher sind Interaktionen und Rückkopplungen nachzuvollziehen und zu bewerten. Probleme bei den Untersuchungen von Ursachen- und Wirkungszusammenhängen liegen sowohl in der Zuordnung als auch in der Quantifizierung entsprechender Daten, wobei oft die nicht ausreichende Verfügbarkeit von Daten in den Entwicklungsländern noch erschwerend hinzukommt.

---

1) G. STRASSERT, P. TREUNER, Zur Eignung ausgewählter Methoden für die Bearbeitung typischer Fragestellungen der Raumplanung und der empirischen Regionalforschung, in: AKADEMIE FÜR RAUMFORSCHUNG UND LANDESPLANUNG (Hrsg.) , Methoden der empirischen Regionalforschung (2. Teil), Bd. 105, Hannover 1975, S. 212.

Die Probleme der Beschaffung von Datenmaterial sind behandelt worden. Auch in Zukunft werden folgende Fragen zu lösen sein:

- Wie und wo kann Zugang zu dem bereits vorhandenen Datenmaterial gefunden werden,

- mit welchen Methoden können diese Daten anschließend aufbereitet werden, damit sie für die jeweiligen Analysezwecke optimal verwertbar sind, und

- wie lassen sich die für vorgegebene und untereinander unterschiedliche Analysezwecke zu erhebenden Daten gegebenenfalls in einer einzigen Befragungsaktion gewinnen?

Die Analysen und Planungen sollen zudem möglichst kostengünstig und in kürzester Zeit durchgeführt werden. In diesem Zusammenhang ist auf den zunehmenden Einsatz der elektronischen Datenverarbeitung (EDV) in den Verwaltungen und in den Planungsabteilungen des öffentlichen und privaten Bereiches einzugehen. Zwar kann die EDV erhebliche Zeiteinsparungen bringen, jedoch setzt ihr Einsatz wiederum die Existenz oder die Entwicklung geeigneter Programme voraus. Die Programmierung von Analysemethoden verursacht allerdings im allgemeinen relativ hohe Kosten, die sich zumeist erst dann bezahlt machen, wenn diese Programme eine generelle Verwendungsmöglichkeit bieten, sie also nicht ausschließlich für eine spezifische Untersuchung erstellt werden.

Daraus leitet sich auch die Forderung nach der Vereinheitlichung von Vorgehensweisen zur Erfassung und Bewertung von wirtschaftlichen Wachstumspolen ab. Die Vorteile liegen allgemein in der Vergleichbarkeit von Ergebnissen, die sowohl in unterschiedlichen Ländern als auch zu unterschied-

lichen Zeiten gewonnen wurden, und in der Vergleichbarkeit
von Soll- und Ist-Daten. Zusätzlich ergibt sich bei Einsatz
einer EDV eine Kostenersparnis durch den Kauf fertiger Programme (statt Eigenentwicklung) sowie ein relativ geringer
Mehraufwand für Berechnungen zusätzlicher Planungsalternativen.

Daneben bietet der sich ausbreitende Einsatz von Personal-
Computern die Möglichkeit, individuell und weitgehend de-
zentral eigene Untersuchungen durchzuführen. Gerade für
Planungsstäbe und Forschungsabteilungen eröffnen sich hier
noch bedeutende Möglichkeiten, insbesondere im direkten Zugang zu aktuellen Daten in aufbereiteter oder bereits
analysierter Form.[1] Eine erhöhte Transparenz und Vergleichbarkeit kann damit erreicht werden.

Allerdings bergen die Verwendung standardisierter Untersu-
chungsverfahren ebenso wie die Anwendung der EDV gewisse
Gefahren in sich. Beispielsweise sind zu nennen:

- Die mangelhafte Berücksichtigung (d.h. Vernachlässigung
  oder gar methodische Eliminierung) spezifischer Eigenar-
  ten und Charakteristika des betrachteten Entwicklungslandes;

- die häufig individuelle Gewichtung von Parametern und
  Berechnungsergebnissen;

- die abnehmende Bereitschaft für eine Untersuchung und
  Planung "vor Ort";

---

1) Beispielsweise können vermehrt LP-, Simulations- und Prognoseverfahren angewendet
   sowie Parameterschätzungen mittels Korrelationstechnik durchgeführt werden. Vgl. zu
   den Verfahren der mathematischen Programmierung z.B. H. MÜLLER, a.a.O., S. 171-189,
   sowie zu den Simulationsverfahren S. KLATT, Simulationsverfahren als Instrument der
   empirischen Regionalforschung, in: AKADEMIE FÜR RAUMFORSCHUNG UND LANDESPLANUNG
   (Hrsg.), Methoden der empirischen Regionalforschung (1. Teil), Bd. 87, Hannover
   1973, S. 183-213.

- das Ausufern von automatisch anfallenden Zwischenergeb-
  nissen mit der Wirkung einer Verwässerung der eigentli-
  chen Aufgabenstellung.

Die Wirtschafts- und Regionalplanung in Entwicklungsländern
ist äußerst vielschichtig. Im Rahmen dieser Arbeit wurde
zunächst einmal die Eignung empirischer Analysemethoden
für die Erfassung und Bewertung von Wachstumspolen untersucht. Die Zusammenfassung der als geeignet befundenen
Methoden in Form eines Bewertungsschemas sollte Ansatz für
die gezielte Erarbeitung operationaler Verfahren sein. Zur
Bewältigung dieser Aufgabe bedarf es dann allerdings einer
interdisziplinär besetzten Expertengruppe, um als Endziel
eine Art "Checkliste" (Ablaufdiagramm für die praktische
Untersuchung und Planung von Wachstumspolen) zu entwickeln.
Mit Hilfe eines solchen vereinheitlichten Untersuchungsschemas können sowohl die Objektivierung und Vergleichbarkeit einzelner Studien ermöglicht als auch eine Erfolgskontrolle vereinfacht und vereinheitlicht werden.

Angesichts der ernsten wirtschaftspolitischen und damit
politischen Probleme in der Dritten Welt, insbesondere in
LLDCs, sollte die Entwicklung operationaler Verfahren
vordringlich betrieben werden, um Fehlentscheidungen und
Fehlentwicklungen sowie daraus resultierende Fehlinvesti-
tionen und Verluste vermeiden zu helfen.

---

1) Vgl. J. FRIEDMANN, Regional Development Planning: The Process of a Decade, in: J.
   FRIEDMANN and W. ALONSO (eds.), Regional Politics, Readings in Theory and Applications, Cambridge (USA) 1975, S. 804.

Anhang

Tabelle A 1 : EIGNUNG DER NUTZWERT- UND KOSTEN-NUTZEN-ANALYSE ZUR BESTIMMUNG VON KOSTEN UND NUTZEN EINES WACHSTUMSPOLS

Methode	Erfassung der Kosten	Erfassung des Nutzens	Ergebnis	Anwendung auf die Bewertung von Wachstumspolen
Kosten-Nutzen-Analyse	Mit monetären Größen	Mit monetären Größen	(In der Regel dimensionsloser Nutzen-Kosten-Koeffizient)	Prinzipielle Anwendbarkeit wurde bei einer Anzahl von einzelnen Großprojekten unter Beweis gestellt. Wesentliche Probleme liegen in der einheitlichen Dimensionierung (Zwang zur Monetarisierung), in einer Festlegung des Diskontierungssatzes sowie in der Ausrichtung auf ein Ziel (Umland, andere Pole oder Gesamtwirtschaft resp. Staat). Letzteres ist bezüglich der geographischen Festlegung des Gebietes z.T. äußerst schwierig.
Nutzwert-Analyse	Systematische Ordnung aller Nutzen und Kosten (Zielhierarchie), Bestimmung der relativen Gewichte aller Kriterien sowie Bewertung der Kriterien (i.a. mittels einer Punktezuordnung)		Dimensionsloser Wert (Nutzwert)	Grundsätzlich gilt der Vorteil der multiplen Zielsetzung. Das Hauptproblem einer Impulsbewertung liegt in der Notwendigkeit, monetäre und nicht-monetäre Zielgrößen gleichrangig zu stellen. Aus der Einbeziehung von Kosten in das Zielsystem resultiert die Schwierigkeit, stets die Nutzenunabhängigkeit der verschiedenen Impulswirkungen (als Ziel gesetzt) zu garantieren. Für die Bewertung von Wachstumspolen fehlen derzeit Referenzarbeiten für vergleichende Untersuchungen. Auch zukünftig dürfte die Erstellung (empirisch) eines Nutzwertkataloges in für Berechnungszwecke ausreichendem Umfang kaum durchführbar sein.

Quelle: Entwurf nach W. WAGNER, a.a.O., S. 52.

Tabelle A 2:   UNTERSUCHUNGSSCHEMA FÜR DIE ÜBERPRÜFUNG DER
EIGNUNG   EMPIRISCHER ANALYSEMETHODEN FÜR
EINE BEWERTUNG VON WACHSTUMSPOLEN

Fragestellung	M O D E L L (verbale Beantwortung)
Formale Betrachtung	
Aussage resp. Aufstellung von Hypothesen	
Methodische Mängel	
Anwendung mathematischer Hilfsverfahren	
Umfang und (zeitlicher) Aufwand bei Berechnungen	
Identifikation von Wachstumspolen	
Erfassung möglicher Impulse (Messung)	
Bewertung der Impulsgebung resp. des -gebers	
Erfassung der Impulsausbreitung (mit/ohne räumlichen Aspekt)	
Erfassung von Verflechtungen zwischen - Pol und Umland - zwei und mehr Polen - Pol und Gesamtwirtschaft resp. Staat	
Können Engpässe (quantitativ) bestimmt werden?	
Ist die Instrumentenbildung für Regionalplanung und Erfolgskontrolle möglich (eventuell vorhandene Ansätze)?	
Eignung für Prognosen (ev. ableitbar?)	
Kombinationsfähigkeit	
Statisch oder dynamisch?	
Verfügbarkeit der benötigten Daten (in Entw.ländern)	

Quelle: Entwurf S. BRANDIS.

Tabelle A 3 : ÜNTERSUCHUNGSSCHEMA FÜR EINE AUSWERTUNG
EMPIRISCHER ARBEITEN

Fragestellung		Untersuchung (stichpunktartige Antwort)
Ziel der Arbeit, eventuell Hypothese(n)		
Erfassung und Bewertung von Impulsgebung, und -wirkung		angewandte Analysemethode
		Maßgröße(n), mathm. Berechnungsverfahren
		Zielerreichung? Hypothese(n) belegt?
	Abstraktionsphase	1. Engpässe identifizierbar?
		2. als Planungsgrundlage übertragbar?
		3. Allgemeingültigkeit für Entwicklungsländer?
Erfassung und Bewertung des räumlichen Aspektes (hinsichtlich Impulsübertragung)		angewandte Analysemethode
		Maßgröße(n), mathm. Berechnungsverfahren
		Zielerreichung? Hypothese(n) belegt?
	Abstraktionsphase	1. Engpässe identifizierbar?
		2. als Planungsgrundlage übertragbar?
		3. Allgemeingültigkeit für Entwicklungsländer?
Datenmaterial (gegeben oder selbst erhoben?)		
Empfiehlt sich eine Überprüfung anhand des Beispiels Botswana (welche Einschränkungen sind gegeben?)?		

Quelle: Entwurf S. BRANDIS.

Tabelle A 4 : AUSWERTUNG AUSGEWÄHLTER EMPIRISCHER ARBEITEN HINSICHTLICH
DER ANGEWANDTEN ANALYSEMETHODEN

Analysemethode	A u t o r (e n)[a]
Kennziffern	Bernard (1970); Mabogunje (1978); Mc Kim (1979); Moody (1975); Moseley (1974); Riddel (1970); Soja (1969); Vengroff (1972); Waller (1971); Weinand (1973); Stöhr (1967); Tiwari (1979); Dale/Hesselberg (1977); Darkoh (1974); Hellberg (1971); Klaassen (1980);
Methode der Bestimmung zentraler Orte	Gaile (1979); Huff/Lutz (1979); Horn/Prescott (1978); Johnson (1971); Taylor (1972); Silitshena/Gwebu (1981); Klemmer/Eckey (1976); Mabogunje (1978); Moody (1975); Preston (1971); Mc Kim (1973,1979); Mahn (1980); Machai (1979); Parr (1978); Kimani/Taylor (1977); Nourse (1978); Bökemann (1979); Bartels (1980); Riddel/Harvey (1972); Obudho (1974); Van Dusseldorp (1971); Hellberg (1971); Berry (1972); Jenssen (1982); Misra/Sundaram (1978);
Shift-Analyse	Schätzl (1973,1978); Babarovič (1978);
Standortkatalog	Moody (1975); Harvey (1972); Hennings (1982); Michel/Ochel (1975);
Potentialfaktorenanalyse	Albrecht (1979);
Gravitationsansätze	Hoyle (1974); Huff/Lutz (1979); Klemmer/Eckey (1976); Sarfoh (1976); Babarovič (1978); Gaile (1979);
Potentialmodell	Kau (1970); Babarovič (1978);
Input-Output-Analyse (z.T. auch einseitige Liefermatrizen)	Beals/Menezes (1972); Kanter/Morrison (1978); Klemmer/Eckey (1976); Rauch (1981); Harriss (1978); Lever (1974); Mabogunje (1978); Moseley (1974); Schreiner/Timmons (1968); Horn/Prescott (1978); Kipnis (1977); Weiss (1971,1975); Buttler (1973); Michel/Ochel (1977); Weiss/Ojha (1972); Dale/Hesselberg (1977); Schultz (1974); Bigsten (1980);
Export-Basis-Modell	Schreiner/Timmons (1968); Rittenbruch (1968); Thoss (1980); Kipnis (1977);
Kosten-Nutzen-Analyse	Weiss (1971); Weiss/Ojha (1972) ; Wagner (1982);
Nutzwert-Analyse	Michel/Ochel (1977);
Eigener Modellansatz	Pedersen (1972);

a Mehrfachnennung möglich.

Quelle: Entwurf S. BRANDIS.

173

Tabelle A 5 : AUSWERTUNG AUSGEWÄHLTER EMPIRISCHER ARBEITEN HINSICHTLICH DER ANGEWANDTEN MATHEMATISCHEN BERECHNUNGSVERFAHREN

Autor(en)	mathematisches Berechnungsverfahren								
	Transport-kostenfkt.satz	LP-Ansatz	Regression	Stand.abw.	Korre-lation	Trend-Surface analyse	Faktoren-analyse	Multi-plikat.	Lorenz-kurve
Beals/Menezes (1972)	x	x							
Gaile (1979)					x				
Horn/Prescott (1978)		x			x				
Hoyle (1974)					x		x		
Huff/Lutz (1979)								x	
Kanter/Morrison (1978)									
Lever (1974)				x				x	
Moody (1975)						x			
Riddel (1970)	(x)	x			x				
Soja (1968)					x	x			
Vengroff (1972)					x				
Weinand (1973)		x			x		x		
Tiwari (1979)							x		
Pedersen (1972)	x	x			x				
Sarfoh (1976)		x							
Mahn (1980)		x			x				
Bigsten (1980)								x	x
Babarović (1978)	x								
Silitshena/Gwebu (1981)	x								
Kipnis (1977)								x	
Albrecht (1979)								x	
Wagner (1983)								x	
Hellberg (1971)						x	x		
Moseley (1974)		x			x	x		x	
Harvey (1972)		x			x				

(x) = mit Einschränkungen.

Quelle: Entwurf S. BRANDIS.

Tabelle A 6 : PRÜFUNG UND EMPFEHLUNG DER ÜBERTRAGUNGSMÖGLICHKEITEN DER IN
AUSGEWÄHLTEN, EMPIRISCHEN ARBEITEN ANGEWANDTEN ANALYSEMETHODEN
UND VORGEHENSWEISEN

Art der Eignung	Generelle Eignung für die Erfassung und Bewertung von Wachstumspolen in Entwicklungsländern (Autor(en))
sehr empfehlens-wert	Mahn (1980); Van Dusseldorp (1971); Mc Kim (1973,1979); Hoyle (1974); Michel/Ochel (1977); Moody (1975); Riddel (1970); Wagner (1983); Vengroff (1972); Weinand (1973); Weiss (1975); Harriss (1978); Stöhr (1967); Klaassen (1980); Rauch (1981); Tiwari (1979);
mit Einschrän-kungen und/oder Änderungen möglich	Pedersen (1972); Beals/Menezes (1972); Gaile (1979); Huff/Lutz (1979); Johnson (1971); Kanter/Morrison (1978); Klemmer/Eckey (1976); Lever (1974); Babarovic (1978); Kipnis (1977); Buttler (1973); Mabogunje (1978); Soja (1969); Bartels (1980); Kimani/Taylor (1977); Bigsten (1980); Weiss (1971); Sarfoh (1976); Schultz (1974); Weiss (1972); Schreiner/Timmons (1969); Obudho (1974);
theoretisch möglich,aber nicht sinnvoll anwendbar	Kau (1970); Bernard (1970); Horn/Prescott (1978); Preston (1971); Rittenbruch (1968); Albrecht (1979);
	Spezielle Eignung für die Überprüfung mit empirischen Daten aus Botswana (Autor(en)[a]
uneingeschränkt möglich	Mc Kim (1973,1979); Michel/Ochel (1977); Moody (1975); Riddel (1970); Weinand (1973); Rauch (1981); Stöhr (1967); Klaassen (1980);
mit Einschrän-kungen und/oder Änderungen möglich	Gaile (1979); Hoyle (1974); Huff/Lutz (1979); Soja (1968); Johnson (1971); Klemmer/Eckey (1976); Mabogunje (1978); Moseley (1974); Pedersen (1972); Stöhr (1967); Mahn (1980); Schätzl (1973); Parr (1978); Kimani/Taylor (1977); Van Dusseldorp (1971);
möglich, aber nicht sinnvoll	Beals/Menezes (1972); Horn/Prescott (1978); Preston (1971); Babarovic (1978); Schultz (1974); Obudho (1974); Lo/Salih (1981);

a Autoren, die Botswana zum Untersuchungsgegenstand haben, sind nicht
aufgeführt.

Quelle: Entwurf S. BRANDIS.

Tabelle A 7 : BESCHÄFTIGUNGSENTWICKLUNG (1975,1980) UND UNTERNEHMENSBESTAND (1975) NACH WIRTSCHAFTSSEKTOREN IN AUSGEWÄHLTEN STÄDTEN VON BOTSWANA

Wirtschafts-sektor	Gaborone Anzahl der			Francistown Anzahl der			Lobatse Anzahl der			Selebi-Phikwe Anzahl der			Gesamtwirtschaft Anzahl der		
	Beschäft. 1975	Beschäft. 1980	Unt. 1975	Beschäft. 1975	Beschäft. 1980	Unt. 1975	Beschäft. 1975	Beschäft. 1980	Unt. 1975	Beschäft. 1975	Beschäft. 1980	Unt. 1975	Beschäft. 1975	Beschäft. 1980	Unt. 1975
Landwirtschaft	217	0	20	411	0	12	307	0	19	0	0	0	3 185	4 289	189
Bergbau	72	98	7	0	0	0	79	85	1	2 709	4 882	2	3 980	7 219	12
Verarbeiten-des Gewerbe	569	1 240	23	652	905	18	1 678	2 034	9	42	259	1	3 353	5 558	74
Elektrizität und Wasser	654	682	2	0	68a	0	0	67	0	0	462	0	654	1 455	2
Baugewerbe	4 780	5 169	45	691	632	13	127	673	3	1 336	955	14	7 560	13 390	86
Handel	1 428	3 103	99	1 337	1 440	62	450	616	49	125	1 290	9	6 631	10 431	502
Transport und Kommunikation	1 346	970	21	282	950	11	36	265	3	0	277	0	1 714	3 449	40
Finanzsektor	1 550	2 530	167	68	222	36	51	349	10	146	150	2	2 002	4 401	229
sonst. Dienst-leistungsgew.	598	928	51	506	175	14	25	51	11	230	69	1	2 732	2 448	105
Erziehung	459	1 053	-	160	291	-	186	166	-	59	197	-	4 381	7 352	-
Summe der Sektoren	11 693	15 773	435	4 107	4 683	166	2 939	4 306	105	4 647	8 541	29	36 192	59 992	1 239
Central Go-vernment	3 810	na.		497	na.		376	na.		93	na.		6 232	9 816	
Local Go-vernment	409	na.		325	na.		144	na.		230	na.		2 683	5 423	
öffentliche Industriebe-schäftigung	2 295	2 441		678	879		618	na.		193	na.		6 317	9 816	
Gesamtbeschäf-tigung in der Gesamtwirt-schaft-b	14 397	19 096	na.	5 110	6 184	na.	3 701	5 406	na.	5 070	9 233	na	51 431	73 569	na.

a Überführung der städtischen Wasserwerke in private Trägerschaft; b ohne öffentliche Beschäftigung.

Quelle: Eigene Zusammenstellung nach Angaben von REPUBLIC OF BOTSWANA, Employment Survey, CSO, MFDP (ed s.), Gaborone versch. Jgg.

176

Tabelle A 8 : SHIFT-ANALYSE VON DER BESCHÄFTIGUNGSENTWICKLUNG IN AUSGEWÄHLTEN STÄDTEN VON BOTSWANA NACH WIRTSCHAFTSSEKTOREN (1975, 1980)

Wirtschafts-zweige		Gaborone N	D	S	Francistown N	D	S	Lobatse N	D	S	Selebi-Phikwe N	D	S	Summe der 4 Städte N	D	S
Bergbau	1)	127	-	29	0		0	140	-	55	4 798	-	84	5 177	-	112
	2)	130	-	32	0		0	143	-	58	4 903	-	21			
	3)	128			0			140			4 798					
Verarbei-tendes Ge-werbe	1)	859		381	985	-	80	2 534	-	500	63		196	4 882	-	444
	2)	945		295	1 082	-	177	2 785	-	751	70		189			
	3)	899			984			2 532			63					
Baugewerbe	1)	5 115		54	739	-	107	136	-	537	1 430	-	475	13 381	-5	952
	2)	8 461	-3	292	1 223	-	591	225	-	448	2 365	-1	410			
	3)	5 121			740			136			1 431					
Handel	1)	2 756		347	2 580	-1	140	869	-	253	241		1 049	5 244	1	205
	2)	2 242		861	2 099	-	659	707	-	91	196		1 094			
	3)	2 757			2 582			869			241					
Transport und Kom-munikation	1)	1 992	-1	022	417		533	53		212	0		277	3 345	-	883
	2)	2 705	-1	735	567		383	72		193	0		277			
	3)	1 991			417			53			0					
Finanz-sektor	1)	2 775	-	245	122		100	91	-	258	261	-	111	4 404	-1	153
	2)	3 410	-	880	150		72	111	-	238	321	-	171			
	3)	2 776			122			91			262					
sonst. Dienstlei-stungsgew.	1)	538		390	455	-	280	23		28	207	-	138	1 223		0
	2)	538		390	455	-	280	23		28	207	-	138			
	3)	538			455			23			207					
Summe der Sektoren	1)	14 162	-	124	5 298	-1	974	3 846		227	7 000		882	37 656	-7	339
	2)	18 431	-4	393	5 576	-1	252	4 066		7	8 062					
	3)	14 209			5 300			3 844			7 002					

Differenzen können durch Rundungen entstehen. 3) Angaben zur Berechnung des Strukturfaktors

Quelle: Eigene Berechnungen nach Angaben aus Tabelle A 7.

177

Tabelle A 9 : SHIFT-ANALYSE VON DER BESCHÄFTIGUNGSENTWICKLUNG IN AUSGEWÄHLTEN
STÄDTEN VON BOTSWANA (1975,1980)

		Gaborone	Francistown	Lobatse	Selebi-Phikwe	Summe der 4 Städte
Differenzenmethode: absolute Veränderungen						
T N S	1)	- 926	- 802	527	1 232	
	2)	- 2 027	- 2 268	274	756	- 2 166
N D S	1)	- 124	- 974	227	882	
	2)	- 4 393	- 1 252	7	- 180	- 7 339
N P S	1)	- 802	172	300	349	
	2)	- 2 366	- 84	267	939	- 5 173
vH-Veränderungen						
T N S	1)	- 6,6	- 18,5	20,3	15,6	
N D S	1)	- 0,9	- 22,5	5,6	11,2	
N P S	1)	- 5,7	4,0	14,7	4,4	
Indexmethode:						
P F	1)	0,94	0,84	1,15	1,19	
	2)	0,87	0,79	1,07	1,11	0,93
P S O F	1)	0,99	0,81	1,06	1,13	
P S F	1)	0,95	1,04	1,09	1,05	

1) bezogen auf die Gesamtentwicklung in den 4 Städten.
2) bezogen auf die Entwicklung in der Gesamtwirtschaft.

Quelle: Eigene Berechnungen nach Angaben aus Tabelle A 8 .

Tabelle A 10 : SHIFT-ANALYSE VON DER INVESTITIONSTÄTIGKEIT IN AUS-
GEWÄHLTEN STÄDTEN VON BOTSWANA (1975,1983)

	Gaborone	Francistown	Lobatse[a]	Selebi-Phikwe[b]	restliches Wirtschafts-gebiet
T N S für:					
Investitionsvolumen[c]	- 1 561	1 131	- 2 728	1 748	711
Beschäftigte	- 69	222	- 478	307	19
Investitionsvolumen pro Beschäftigten[c]	- 0,3	- 0,2	1,0	0,9	2,3
P F für:					
Investitionsvolumen[c]	- 0,95	1,13	0,67	2,41	1,65
Beschäftigte	0,98	1,16	0,59	1,95	1,08

a ohne BMC; b ohne BCL; c Angaben in Tsd. Pula .

Quelle: Eigene Berechnungen nach Angaben von MCI, a.a.O.

Tabelle A 11: ZENTRALÖRTLICHE EINRICHTUNGEN UND BEVÖLKERUNGSZAHLEN (absolute Anzahl)
AUSGEWÄHLTER ORTE IN BOTSWANA (1981)

Zentralörtliche Einrichtung [a]	Gaborone	Serowe	Kanye	Maha-lapye	Letlha-kane	Bobo-nong	Kasane	Gweta	Nata
nationale Verwaltung	x								
Polizeihauptstelle	x								
Finanzamt	x								
Krankenhaus	x	x	x	x					
Hauptpost	x								
Gericht	x	x	x	x			x		
Strafvollzugsanstalt	x	x	x	x			x		
Bankhauptstelle	x								
Staatl. Marktplatz	x	x	x	x					
Großhandel	x								
Auktionsplatz	x								
Flughafen (feste Piste)	x								
Eisenbahnstation	x			x					
regionale Verwaltung	x	x	x	x	x	x	x		
Arbeitsamt	x	x	x	x			x		
Polizeiwache	x	x	x	x	x	x	x	x	x
Sammelstelle für Steuern und Abgaben	x	x	x	x	x	x	x	x	
Krankenstation	x	x	x	x		x	x	x	x
Postdienststelle	x	x	x	x		x	x		
Telefon-, Telegrafenamt	x	x	x	x	x	x	x	x	x
Entwicklungsbank	x	x	x	x		x	x		
Schule ('Secondary')	x	x	x	x	x	x	x		
sonst. Aus- und Weiterbildungsstätten	x	x	x	x		x	x		
Sportclub	x	x	x						
freiwillige Organisation	x	x	x	x		x	x	x	x
Tierveredelungsanst.	x	x	x			x	x		
Bankzweigstelle	x	x	x	x	x	x	x		
Marktplatz	x	x	x	x	x		x		
'co-op.'-Stelle, Markt	x	x	x	x	x	x		x	
Einzelhandel:									
– Gemüse	x	x	x	x	x				
– Fleischer	x	x	x	x	x				x
– Kolonialwaren	x	x	x	x	x	x	x	x	x
– Bäckerei	x	x	x	x					
– sonstige	x	x	x	x	x	x	x		x
Apotheke	x	x	x	x			x		
Spirituosenhandel	x	x	x	x	x	x	x	x	x
Reparaturdienst	x	x	x	x			x		
Tankstelle	x	x	x	x	x	x	x		x
Hotel	x	x	x	x			x		
Restaurant	x	x	x		x	x			x
Café, Bar	x	x	x	x	x				
restl. Dienstl.-Gewerbe	x	x	x	x	x	x	x	x	
Flugplatz (unbefestigt)	x	x	x				x		
Busdienst	x	x	x	x			x	x	x
kommunale Einricht.:									
– Bücherei	x	x	x	x					
– Sportanlage	x	x				x			
– sonstige	x	x	x	x	x	x	x	x	x
stammesrechtl. Verwaltung	x	x	x	x	x		x	x	x
mobile Krankenversorgung							x		x
Poststelle (mobil)								x	x
Schule ('Primary')	x	x	x	x	x	x	x		
Landw. Ausbildungszentrum	x	x	x	x	x		x		
mobile Bank									
Pension, Gästehaus									x
private Flugpiste							x		
S u m m e									
– ungewichtet	50	41	40	37	23	22	31	14	17
– gewichtet	309	219	214	204	109	108	155	64	70
Bevölkerungszahl	59 656	23 661	20 215	20 712	5 169	4 711	2 190	1 521	1 303

a Die Existenz (nicht die absolute Anzahl) der jeweiligen Einrichtung zählt (mit null oder eins).

Quelle: Entwurf S. BRANDIS, eigene Berechnungen nach Angaben von REPUBLIC OF BOTS-
WANA, Draft Guide to the Villages of Botswana, Gaborone 1982; DEPARTMENT
OF TOWN AND REGIONAL PLANNING (DTRP), Location of Services in Botswana,
Gaborone 1981.

Tabelle A 12 : OUTPUT, ZWISCHENNACHFRAGE UND WERTSCHÖPFUNG
IN DER WIRTSCHAFT VON BOTSWANA (1979/80),
NACH WIRTSCHAFTSSEKTOREN

Wirt-schafts-sektor[a]	Output in Mill. Pula	davon: Zwischennachfrage in Mill. Pula	in v.H. des Outputs	Wertschöpfung [b] in Mill. Pula	in v.H. des Outputs
Wirtschaft insgesamt	1 203,4	514,0	42,7	689,4	57,3
darunter					
- Landwirt-schaft	101,6	26,3	25,9	75,3	74,1
- Bergbau	300,1	82,5	27,5	217,6	72,5
- Verarb. Gewerbe	115,4	86,2	74,7	29,2	25,3
- Wasser und Elek-trizität	38,0	23,0	60,5	15,0	39,5
- Baugewerbe	125,2	88,8	70,9	36,4	29,1
- Handel, Hotel- und Gaststät-tengewerbe	193,0	36,0	18,7	157,0	81,3
- Transport-wesen	72,4	58,8	81,2	13,6	18,8
- Banken und Versiche-rungen	87,1	16,6	19,1	70,5	80,9

a Die Gliederung entspricht dem Aufbau der Statistiken von Botswana.

b Die Wertschöpfung entspricht dem Bruttoinlandsprodukt zu Marktpreisen.

Quelle: Eigene Berechnungen nach Angaben von REPUBLIC OF BOTSWANA, CSO, MFDP, National Accounts of Botswana 1973/74-1979/80, Gaborone 1982, S. 18.

Tabelle A 13 : DIREKTE GESAMTWIRTSCHAFTLICHE KOSTEN UND NUTZEN SOWIE SEKUNDÄRNUTZEN DES PROJEKTES
SELEBI-PHIKWE, in Mill. Pula (1974-2000)

Direkte Kosten und Nutzen	Abzinsungsfaktor 8 v.H.	10 v.H.	Sekundärnutzen	Abzinsungsfaktor 8 v.H.	10 v.H.
Kostenseite			Importzölle während der Bauphase in S.-P.	6,0	6,0
Investitionen (I)	238	225	Beschäftigungsnutzen einheimischer Arbeitskräfte im Bereich		
Betriebskosten (B)			- Infrastruktur		
- Alternative A (B$_A$) Bewertung der einheimischen Arbeitskräfte zum vollen Lohnsatz	440	380	- Kraftwerk, Wasserversorgung	7,9	6,3
			- übrige staatliche und halbstaatliche Leistungen	7,5	6,2
			- Kohlebergbau Morupule	2,8	2,3
- Alternative B (B$_B$) Bewertung der einheimischen Arbeitskräfte zum Lohnsatz von null	379	330	- Baugewerbe	8,5	8,2
			- Handel, Hotels, Restaurants	5,9	4,6
Abzüglich			- Verkehr	1,9	1,5
Inlandsausgaben der ausländischen Arbeitskräfte (55 v.H.des Einkommens)	29	25	- Verarbeitendes Gewerbe	1,4	1,1
Importzölle	39	35	Beschäftigungsnutzen ausländischer Arbeitskräfte im Bereich		
'royalties'	21	17	- Infrastruktur (Kraftwerk, Wasservers.)	3,2	2,9
			- Kohlebergbau Morupule	0,8	0,7
Nutzenseite			Übrige Wertschöpfungsbestandteile (Gewinne, Zinsen, Mieten, Pachten) im Bereich		
Erlöse (E)			- Baugewerbe	4,3	4,1
- Alternative A (E$_A$) ab 1982 unveränderter realer Rohstoffpreis	492	412	- Handel	14,2	11,0
			- Verkehr	1,1	0,9
- Alternative B (E$_B$) ab 1982 reale Rohstoffpreissteigerung von 2 v.H. p.a.	541	447	- Verarbeitendes Gewerbe	2,8	2,2
			S e k u n d ä r n u t z e n insgesamt	68,3	58,0

Quelle: Eigene Berechnungen und Zusammenstellung der Berechnungen von W. WAGNER, a.a.O., S. 68,76.

Tabelle A 14 : IDENTIFIKATIONSSCHEMA FÜR DAS WIRTSCHAFT-
LICHE ENTWICKLUNGSPOTENTIAL VON STADT UND
UMLAND

M e r k m a l	Stadt (Pol) Umland
Bevölkerng (abs. Anzahl) davon mit - Grundschulbildung - Höherer Schulbildung	
Krankenhaus	
andere Einrichtungen	
Tankstelle	
Post(Telegraphen-)amt	
Bank (Postsparamt)	
Strukturkomponenten (wie Agglomerationsgrad und -fähigkeit, sektorale Wirtschaftstruktur, individuelle Lagemerkmale etc.)	
Wasserversorgung[a]	
Elektrizitätsversorgung[b]	

Wirtschaftsgrundlage[c] (Basiskomponenten) darunter
 - mineralische Ressourcen
   davon:
   -
   -
   -
 	
 - Wasservorräte
 	
 - Landwirtschaft
   davon:
   -
   -
   -	

Geographische Daten (Topographie, Klima, Lage im Raum, räumliche Ausdehnung etc.)	

a O=kein Wasser; 1=ungeklärt; 2=teilweise geklärt; 3=geklärt
b O = keine Versorgung; 1 = Versorgung
c x = vorhandenes Potential; + = vermutetes Potential

Quelle: Entwurf S. BRANDIS, vgl. M.E. HARVEY, a.a.O., S. 240.

Abb. A 1 : BEVÖLKERUNGSVERTEILUNG IN BOTSWANA (Stand: 1981)

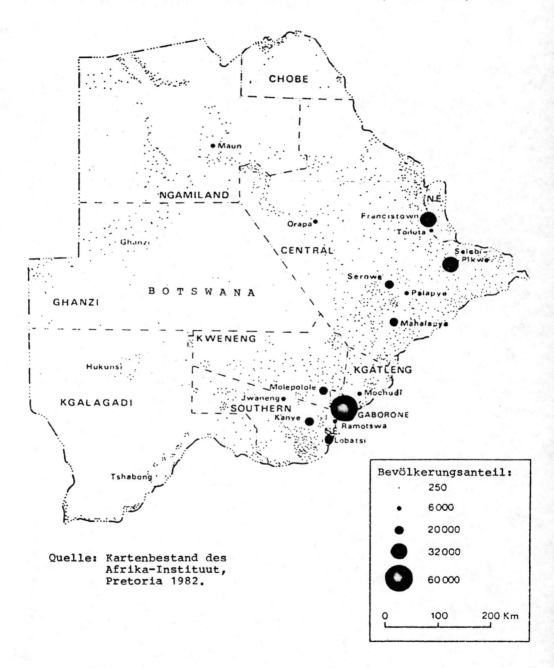

Quelle: Kartenbestand des
Afrika-Instituut,
Pretoria 1982.

Quellenverzeichnis

LITERATURVERZEICHNIS

(Der besseren Übersicht halber sind die statistischen Quellen über Botswana im Anschluß aufgeführt.)

ALBRECHT, K.H.
Verflechtungs- und Potentialtheoretische Aspekte der Schlüsselsektorbestim-mung, Diss. Karlsruhe 1979

ANOVEROS, J.G.
Simulación de un un modelo de desarrollo global para la Cuenca del Guadalqui-vir, in: économie appliquée, Tome XXVIII (1975, Nr. 2-3

BABAROVIC, I.
Rural Marginality and Regional Development Policies in Brazil, in: A. Kuklins-ki (ed.), Regional Policies in Nigeria, India, and Brazil, The Hague 1978

BAHLBURG, M.
Regionale und multiregionale Input-Output-Rechnung, in: Akademie für Raumfor-schung und Landesplanung (Hrsg.), Methoden der empirischen Regionalforschung (2. Teil), Bd. 105, Hannover 1975

BANDMAN, M.K.
Industrial location and the optimization of territorial systems, in: Con-tempory Industrialization, New York 1978

-
Structure of Growth Poles of Developing Regions, in: R.P. Misra et al. (ed.) Regional Planning and National Development, New Delhi 1978

BARTELS, D.
Zur gegenwärtigen Situation der Raumordnungspolitik in der Bundesrepublik Deutschland, in: J. Maier (Hrsg.), Regionalplanung unter veränderten wirt-schaftlichen Rahmenbedingungen, Bayreuth 1980

BEALS, r.E.; MENEZES
Seasonal Migration and the agricultural economy of Ghana: an interregional model, in: A.P. Carter et al. (eds.), Applications of Input-Output Analysis, Amsterdam, London, New York 1972

BERNARD, P.
Growth Poles and Growth Centres in Regional Development, Genf 1970

BERRY, B.J.L.
Hierarchial Diffusion: The Basis of Development Filtering and Spread in a System of Growth Centres, in: N.M. Hansen (ed.), Growth Centres in Regional Economic Development, New York, London 1972

BETTNER, J.; FLUES, M.; IHRLER, R. et al.
        Possibilities of Establishing a Leather and Leather Processing Industry in
        Botswana, in: GDI (ed.), Berlin 1977

BIGSTEN, A.
        Regional Inequality and Development, A case study of Kenya, Gothenburg 1980

BÖKEMANN, D.
        Standortstruktur und Regionalentwicklung, Ansätze zur Erklärung mit techno-
        logischen und institutionellen Einflugrößen, Wien 1979

BOESLER, K.
        Raumordnung, Darmstadt 1982

BOEVENTER, E. v.
        Regressionsanalyse, in: Akademie für Raumforschung und Landesplanung (Hrsg.),
        Methoden der empirischen Regionalforschung (1. Teil), Bd. 87, Hannover 1973.

-       Regional Growth Theory, in: Urban Studies, Vol. 12 (1975)

BORCHERT, G.
        Die Wirtschaftsräume Angolas, Hamburg 1967

-       Methoden wirtschaftsräumlicher Gliederung in Entwicklungsländern, in: G.
        Borchert et al. (Hrsg.), Wirtschafts- und Kulturräume der außereuropäischen
        Welt, Hamburg 1971

-       Die Wirtschaftsräume der Elfenbeinküste, Hamburg 1972

-       Agricultural Efficiency in South Africa - A survey based on "value added per
        labour day", Hamburg 1983

BOUDEVILLE, J.-R.
        Polarisation und Urbanisation, in: économie appliquée, Tome XXVIII (1975),
        No. 1

-       Problems of Regional Economic Planning,Edinburgh 1966

BOUSTEDT, O.
        Grundriß der empirischen Regionalforschung, Hannover 1975

BURROW & PARTNERS
        Francistown Growth Study, Final Engineering Report, Gaborone 1977

-       Gaborone Growth Study, Gaborone 1978

BUTTLER, F.
        Entwicklungspole und räumliches Wirtschaftswachstum, Tübingen 1973

CHRISTALLER, W.
        Die zentralen Orte in Süddeutschland, 2. Aufl., Darmstadt 1968

DALE, R.; HESSELBERG, J.
        Interaction and Integration, Oslo 1977

DARKOH, M.B.K.
        Toward a planned industrial reallocation pattern in Ghana, in: S. El-Shaks,
        R. Obudho (eds.), Urbanisation, National Development and Regional Planning,
        in Africa, New York 1974

DARWENT, D.F.
        Growth Poles and Growth Centers in Regional Planning, A Review, in: Environ-
        ment Planning, Vol. 1 (1969)

DUSSELDORP, D.B.W.M. van
        Planning of Service Centres in Rural Areas of Developing Countries,Wageningen
        1971

EWING, G.O.
        Gravity and Linear Regression Models of Spatial Interaction: A Cautionary
        Note, in: Economic Geography, Vol. 50 (1974)

FAIR, T.J.D.
        Spatial Frameworks for Development, Cape Town 1982

-       Towards balanced spatial Development in southern Africa, Pretoria 1981

FLEISHER, A.; HARRIS, J.; RODWIN, L.
        A Proposed Approach to the Simulation Model for Evaluating Urban Growth
        Strategies in: économie appliquée, Tome XXVIII (1975), No. 1

FRIEDMANN, J.
        Regional Development Planning: A Progress of a Decade, in: J. Friedmann and
        W. Alonso (eds.), Regional Policy, Readings in Theory and Applications,
        Cambridge (USA) 1975

FRIEDMANN, J.; WEAVER, C.
        Territory and Function, London 1979

FUERST/KLEMMER/ZIMMERMANN
        Regionale Wirtschaftspolitik, Tübingen, Düsseldorf 1976

GAILE, G.L.
        Distance and Development in Kenya, in: R.A. Obudho et al.(eds.), The Spa-
        tial Structure of Development: A study of Kenya, Colorado 1979

GRANBERG ; P.
        A non-technical Description of the Macro-economic Model for Botswana (MEMBOT),
        Bergen 1983

-       A Note on the Estimation Formula for the Follower Sectors' Production in the
       MEMBOT Model, Bergen 1983

-       Documentation of some Basic Data for the MEMBOT Model, Bergen 1983

HAGGET; P.
　　　　　Einführung in die kultur- und sozialgeographische Regionalanalyse, Berlin, New York 1973

HAMMEL, W.; HEMMER, H.R.
　　　　　Grundlagen der Cost-Benefit-Analyse bei Projekten in Entwicklungsländern, Frankfurt 1971

HAMPE, J.
　　　　　Die Bedeutung der Regressionsanalyse in der Regionalforschung, in: Akademie für Raumforschung und Landesplanung (Hrsg.), Methoden der empirischen Regionalforschung (1. Teil), Bd. 87, Hannover 1973

HANSEN, N.M.
　　　　　Development from Above: The Centre-Down Development Paradigm, in: Stöhr/ Taylor (eds.), Development from above or below? , USA 1981

HARRISS, B.
　　　　　An Unfashionable View of Growth Centres, in: R.P. Misra et al. (eds.), Regional Planning and National Development, New Delhi 1978

HARVEY, M.E.
　　　　　The Identification of Development Regions in Developing Countries, in: Economic Geography, Vol. 48 (1972)

HELLBERG, H.-H.
　　　　　Zentrale Orte in ländlichen Gebieten als Ansatzpunkte für regionale Entwicklungsmaßnahmen, Diss. Hamburg 1971

HENNINGS, G.
　　　　　Förderung von Kleinindustrien in ländlichen Regionen Tansanias, in: W. Eckhardt et al.(Hrsg.), Raumplanung und ländliche Entwicklung in Tansania, Dortmund 1982

HERMANSEN, T.
　　　　　Interregional allocation of investment for social and economic development, in: A. Kuklinski (Hrsg.), Regional Disaggregation of National Policies and Plans, Mouton (Ungarn) 1975

-　　　　　Spatial organisation and economic development, in: A. Kuklinski (Hrsg.), Regional disaggregation of National Policies and Plans, Mouton (Ungarn) 1975

HESSELBERG, J.
　　　　　Integration and Development in Rural Botswana, Oslo 1982

HIGGINS, B.
　　　　　Development Poles: Do they exist? in: économie appliquée, Tome XXX (1977) No. 1

HIRSCH, W.Z.
　　　　　Application of Input-Output Techniques to Urban Areas, in: T. Barna (ed.), Structural Interdependence and Economic Development, New York 1963

HIRSCHMAN, A.O.
: Interregional and International Transmission of Economic Growth, in: J. Friedmann, W. Alonso (eds.), Regional Development and Planning, A Reader, 5. Aufl., USA 1972

HORN, R.; PRESCOTT, J.R.
: Central Places Models and the Economic Base: Some Empirical Results, in: Journal of Regional Science, Vol. 18 (1978) Nr. 2

HOYLE; B.S.
: Spatial Aspects of Development, Letchworth 1974

HUFF, D.L.; LUTZ, J.M.
: Deriving Planning Regions for Development Countries: Kenya, in: R.A. Obudho, D.R.F. Taylor (eds.), The Spatial Structure of Development: A study of Kenya, Colorado 1979

ISARD, W.
: Location and Space-Economy, New York 1956

-
: Methods of Regional Analysis, 5. Aufl., Cambridge (USA) 1967

IWERSEN, A.
: Die Bestimmung von Nutzen und Kosten des Rohstoffprojektes Selebi-Phikwe, unveröffentl. Manuskript, Hamburg 1982

JENSSEN, B.
: Abbau räumlicher Unterschiede in Algerien durch die Förderung von Mittelzentren, in: B. Jenssen, K.R. Kunzmann (Hrsg.), Aspekte der Raumplanung in Entwicklungsländern, Dortmund 1982

JOHNSON, L.J.
: The Spatial Uniformity of a Central Place Distribution in New England, in: Economic Geography, Vol. 47 (1971)

KANTER, J.; MORRISON, W.I.
: The Merseyside Input-Output Study and its Application in Structure Planning, in: P.W.J. Batey (ed.), Theory and method in urban and regional analysis, London 1976

KAU, W.
: Theorie und Anwendung raumwirtschaftlicher Potentialmodelle, Tübingen 1970

KEMMING, H.
: Raumwirtschaftstheoretische Gravitationsmodelle, Berlin, Darmstadt 1980

KIMANI, S.M.; TAYLOR, D.R.F.
: The Role of Growth Centres in Rural Development, Nairobi 1977

KIPNIS, B.A.
: Center-hinterland Interrelationship in a Nodal Region: An Input-Output Analysis, in: Urban Studies, Vol. 14, Nr. 3, (1977)

KLAASSEN L.H.
        Regional Dynamics, Rotterdam 1980

KLAASSEN, L.H.; PAELINCK, J.H.P.
        Uncovering Regional Growth Potential from an Input-Output Table, Rotterdam
        1975

KLATT, S.
        Simulationsverfahren als Instrument der empirischen Regionalforschung, in:
        Akademie für Raumforschung und Landesplanung (Hrsg.), Methoden der empiri-
        schen Regionalforschung (1. Teil), Bd. 87, Hannover 1973

KLEMMER, P.
        Die Faktorenanalyse im Rahmen der Regionalforschung, in: Raumforschung und
        Raumordnung, 29. Jg. (1971), Heft 1

-
        Die Shift-Analyse als Instrument der Regionalplanung, in: Akademie für Raum-
        forschung und Landesplanung (Hrsg.), Methoden der empirischen Regionalfor-
        schung (1. Teil), Bd. 87, Hannover 1973

KLEMMER, P.; ECKEY, H.-F.
        Wachstumspole in Niedersachsen, Bochum 1976

KOLL, R.
        Regionales Wachstum, Diss. München 1979

LANDWEHR, R.
        Zur Verwendung der Faktorenanalyse in der Raumforschung und Raumplanung,
        in: Raumforschung und Raumordnung, 34. Jg. (1976),   Heft 5

LANGE, I.; REMBOLD, G.H.
        Die Interregionale, sektorspezifische Güterverflechtung der BRD,   in: R.
        FUNCK (Hrsg.), Über Wachstum und Wachstumslenkung, Karlsruhe 1977

LASUEN, J.R.
        On Growth Poles, in: N.M. Hansen (ed.), Growth Centres in Regional Economic
        Development, New York 1972

LAUSCHMANN, E.
        Grundlagen einer Theorie der Regionalpolitik, 2. Aufl., Hannover 1973

LEONTIEF, W.; STROUT, A.
        Multiregional Input-Output Analysis, in: T. Barna (ed.) , Structural Inter-
        dependence and Economic Development, New York 1963

LETSHOLO, J.M.O.
        The New Towns of Botswana, in: R. Hitchcock, M. Smith (eds.), Settlement in
        Botswana, Gaborone 1982

LEVER, W.F.
        Changes in Local Income Multiplier over Time, in: Journal of Economic Stu-
        dies, Vol. (1974), No. 2

LO, F.C.; SALIH, K.
Growth Poles, Agropolitan Development, and Polarization Reversal, in: Stöhr/ Taylor (eds.), Development from Above or Below? New Delhi and USA 1981

LOTZE, K.-P.
Korrelationsanalyse, in: Akademie für Raumforschung und Landesplanung (Hrsg.) Methoden der empirischen Regionalforschung (2. Teil), Bd. 105, Hannover 1975

LUCAS, R.E.B.
Determinants of Migration Decisions, in: CSO, MFDP (eds.) , Migration in Botswana, Gaborone 1982

-       Outmigration, Remittances and Investment in Rural Areas, in: CSO, MFDP (eds.), Migration in Botswana, Gaborone 1982

MABOGUNJE; A.L.
Growth Poles and Growth Centres in the Regional Development of Nigeria, in: A. Kuklinski (ed.), Regional Policies in Nigeria, India, and Brazil, The Hague 1978

MACHAI, U.P.
Growth Centres in Lesotho, Maseru 1979, unveröffentlicht

MAHN, C.
Periodische Märkte und zentrale Orte - Raumstrukturen und Verflechtungsbereiche in Nord-Ghana, Diss. Heidelberg 1980

MAYER, H.M.
The Spatial Expression of Urban Growth, Washington 1969

McKIM, W.
Patterns of Spatial Interaction in Kenya, in: R. Obudho et al. (eds.), The Spatial Structure of Development: A study of Kenya, Colorado 1979

-       Spatial Interaction of Central Places and Their Implication for National and Regional Planning, A Case Study from Kenya, Syracuse 1973

MEINKE, D.
Regionale Interaktionsmodelle - gravitations- und potentialorientierte Ansätze, in: Akademie für Raumforschung und Landesplanung (Hrsg.), Methoden der empirischen Regionalforschung (2. Teil), Bd. 105, Hannover 1975

MEYKE, U.
Cost-Effectiveness-Analysis als Planungsinstrument, Göttingen 1973

MICHEL, W.; OCHEL, W.
Ländliche Industrialisierung in Entwicklungsländern, München 1977

-       Die Förderung von Industrie- und Handwerksbetrieben in ländlichen Regionen der Entwicklungsländer, München 1975

MIERNYK, W.H.
    The Elements of Input-Output Analysis, 4. Aufl., New York 1967

-    Regional and Interregional Input-Output Models: A Reappraisal, in: M. PERL-
    man et al. (eds.), Spatial, Regional and Population Economics, New York, Belfast
    1972

MISRA, R.P.
    A critical analysis of the traditional cost-benefit approach to economic develop-
    ment, in: Development, Vol. 23 (1981), Nr. 3/4

-    Regional Planning in Iran: Problems and Prospects, in: R.P. Misra et al.(eds.)
    Regional Planning and National Development, Neu Delhi 1978

-    Growth poles and growth centres in the context of India's urban and regional
    development Problems, o.O, o.Jg.

MISRA, R.P.; SUNDARAM, K.V.
    Growth foci as instruments of modernization in India, in:A. KUKLINSKI (ed.), Re-
    gional Policies in Nigeria, India, and Brazil, The Hague 1978

MOODY, E.
    Growth Centres in Lesotho, Pretoria 1975

MOSELEY, M.J.
    The Impact of Growth Centres in Rural Regions, in Regional Studies, Vol. 7 (1973)

-    Growth Centres in Regional Planning, New York 1974

MÜLLER, J.H.
    Methoden zur regionalen Analyse und Prognose, Hannover 1973

NAGEL, G. et al.
    Cost-Benefit Analysis of Alternative Regional Structures, in: R. Funck, J.B. Parr
    (eds.), the analysis of regional structure, London 1978

NIJKAMP, P.; PAELINCK, J.H.P.
    Diffusion of Development Processes in Regional and Urban Systems, Rotterdam 1974

NOURSE, H.O.
    The Economics of Central-Place Theory: An Alternative Approach, in: R. Funck,
    J.B. Parr (eds.), the analysis of regional structure, London 1978

NTHOYIWA, D.N.
    Population Distribution and its Implications for Socio-economic Development in Bot-
    swana, Gaborone 1981

OBHUDHO, R.
    Urbanisation and Regional Planning in Western Kenya, in: S. El-Shakhs, R. Obhudho
    (eds.), Urbanisation, National Development and Regional Planning in Africa, New
    York 1974

OBUDHO, R.; WALLER, P.P.
Periodic Markets, Urbanization, and Regional Planning, Westport, London 1976

OLSSON, G.
Zentralörtliche Systeme, räumliche Interaktion und stochastische Prozesse, in: D. Bartels (Hrsg.), Wirtschafts- und Sozialgeographie, Köln, Berlin 1970

PAELINCK, J.
La théorie du développement régional polarisé, in: Cahier de l'ISEA, No. 159, Paris 1975

PAELINCK, J.; TACK, D.
Distance Interaction: Rationale, Estimation, and Computing, Rotterdam 1979

PARR, J.B.
Models of a Central Place System: A more general approach, in Urban Studies, Vol. 15 (1978), No. 1

PEDERSEN, P.O.
Urban-regional Development in South America, in: Regional Planning, Vol. 10 (1975)

PERROUX, F.
L'économie du XXe siècle, 3. Aufl., Paris 1969

PLANCO-CONSULTING-GESELLSCHAFT mbH
Nutzen-Kosten-Untersuchung für die Verbesserung der seewärtigen Zufahrt und den Ausbau des Emder Hafens, Hamburg, Essen 1976

PORWIT, K
Regional Models and Economic Planning, in: A. Kuklinski (ed.) Regional Politics and Plans, Mouton (Ungarn) 1975

PRED, A.
The Location of Economic Activity since the Early Nineteenth Century, in: B. Ohlin et al. (eds.), The International Allocation of Economic Activity, London 1977

PRESTON, R.E.
The Structure of Central Place Systems, in: Economic Geography, Vol. 47 (1971), No. 2

RAUCH, T h.
Das nigerianische Industrialisierungsmuster und seine Implikationen für die Entlung peripherer Räume, Hamburg 1981

RICHARDSON, H.W.
Regional Growth Theory, Bristol 1973

– Regional Growth Theory: A Reply to von Böventer, in: Urban Studies, Vol. 12 (1975)

– Growth Pole Spillovers: The Dynamics of Backwash and Spread, in: Regional Studies, Vol. 10 (1976)

RIDDEL, J.B.
    The Spatial Dynamics of Modernization in Sierra Leone, Evanstown (USA) 1970

RIDDEL, J.B.; HARVEY, M.E.
    The Urban Systems in the Migration Process, in: Economic Geography, Vol. 48 (1972)
    No. 3

RITTENBRUCH, K.
    Zur Anwendbarkeit der Exportbasiskonzepte im Rahmen von Regionalstudien, Berlin
    1968

RONDINELLI, D.A.; RUDDLE, K.
    Urbanization and Rural Development, New York 1978

SALHANI-MAAT, I.
    Zur Problematik der 'Export-Led-Modelle' als Erklärungsansatz für das wirtschaftli-
    che Wachstum von Entwicklungsländern, Diss. Gießen 1978

SARFOH, K.A.
    Interregional Migration and Regional Economic Growth in Ghana, 1960-1970, Cincinna-
    ti 1976

SCHÄTZL, L.
    Industrialization in Nigeria, München 1973

-   Wirtschaftsgeographie I, Theorie, Paderborn 1978

-   Wirtschaftsgeographie II, Empirie, Paderborn 1981

SCHILLING-KALETSCH, I.
    Wachstumspole und Wachstumszentren, Hamburg 1976

SCHREINER, D.F.; TIMMONS, J.F.
    An Integrated Growth Model for the Basic Sectors and Dependent Residentiary Sec-
    tors of Southern Peru, Ames (IOWA) 1968

SCHULTZ, S.
    Intersektoraler Strukturvergleich zur Ermittlung von Schlüsselsektoren, Berlin
    1974

SIEBERT, H.
    Regionales Wirtschaftswachstum und interregionale Mobilität, Tübingen 1970

SILITSHENA, R.M.K.; GWEBU, T.D.
    Survey on Production and Economic/Social Linkages in North East District, Gaborone
    1981

SNICKARS, F.
    Construction of interregional input-output tables by efficient information addi-
    tion, in: Bartels/Ketellapper (eds.), Exploratory and explanatory statistical
    analysis of spatial data, Boston, The Hague 1979

SOEKER, E.
Das Regionalisierungskonzept, Instrumente und Verfahren der Regionalisierung, Diss. Hamburg 1977

SOJA, E.W.
The Geography of Modernization in Kenya, Syracuse 1968

STÖHR, W.B.
Geographische Aspekte der Planung in Entwicklungsländern, in: L. Beckel, H. Lechtleitner (Hrsg.), Festschrift für L.G. Scheidruh, Wien 1967

- Raumplanung in unterentwickelten und in entwickelten Ländern, in: Das Stadtbauamt der Stadt Wien (Hrsg.), Beiträge zu Problemen der Raumordnung, Wien 1974

STRASSERT, G.
Nutzwertanalyse, in: Akademie für Raumforschung und Landesplanung (Hrsg.), Methoden der empirischen Regionalforschung (1. Teil) Bd. 87, Hannover 1973

- Möglichkeiten und Grenzen der Erstellung und Auswertung regionaler Input-Output-Tabellen unter besonderer Berücksichtigung der derivativen Methode, Berlin 1968

- Regionale Kennziffern, in: Akademie für Raumforschung und Landesplanung (Hrsg.) , Methoden der empirischen Regionalforschung, (2. Teil) Bd. 105, Hannover 1975

STRASSERT, G.; TREUNER, P.
Zur Eignung ausgewählter Methoden für die Bearbeitung typischer Fragestellungen der Raumplanung und der empirischen Regionalforschung, in: Akademie für Raumforschung und Landesplanung (Hrsg.), Methoden der empirischen Regionalforschung , (2. Teil) Bd. 105, Hannover 1975

SZAWELSKI, K.
Impact of July 1977 Minimum Wage Changes in Botswana, Gaborone 1978

STREIT, M.E.
Probleme regionalpolitischer Diagnose und Projektion, in: Institut für Wirtschaftswissenschaften der Technischen Universität Berlin (Hrsg.), Disk.Pap. 1, Berlin 1970

TAAFE; E.J. et al
Transport Expansion in Underdeveloped Countries, in: B.S. Hoyle (ed.), Transport and Development, London 1973

TAYLOR, D.R.F.
The Role of the Smaller Urban Place in Development: A case study from Kenya, Philadelphia 1972 (unveröffentlicht)

THOMAN, R.S.
Growth Point Theory and Regional Planning, in: R.P. Misra et al. (eds.), Regional Planning and National Development, Neu Delhi 1978

THOSS, R.
Die Beeinflussung der regionalen Nachfrage zur Steuerung der räumlichen Entwicklung, in: H. Westermann et al. (Hrsg.), Raumplanung und Eigentumsordnung, München 1980

TIMMERMANN, V.
     Entwicklungstheorie und Entwicklungspolitik, Göttingen 1982

TIMMERMANN; V.; SCHOLING, E.; SCHNELL; H.; MEWES, H.
     Prognose von Produktionsstrukturen in Entwicklungsländern, Hamburg 1982

TIWARI, R.C.
     A Comparative Analysis of the Functional Structures of Central Business Districts
     in East Africa, in: R. Obudho, D.R.F. Taylor (eds.), The Spatial Structure of
     Development, Colorado 1979

TODD, D.
     An appraisal of the development pole concept in regional analysis , in: Environ-
     ment and Planning, Vol. 6 (1974)

UNITED NATIONS CENTRE FOR REGIONAL DEVELOPMENT (UNCRD)
     Growth Pole Strategy and Regional Development Planning in Asia, Nagoya (Japan)
     1975

VENGROFF, R.
     Local-Central Linkages and Political Development in Botswana, New York 1972

WAGNER, W.
     Kosten und Nutzen von Bergbauprojekten, Hamburg 1983

WALLER, P.P.
     Ansätze und Elemente einer grundbedürfnisorientierten Regionalplanung in Entwick-
     lungsländern, Berlin o.J., (unveröffentlichtes Manuskript)

-    Probleme und Strategien der Raumplanung in Entwicklungsländern, in: Raumforschung
     und Raumordnung, 29. Jg. (1971), Heft 3

WEAVER, C.
     Development Theory and the Regional Question, in: Stöhr/Taylor (eds.), Develop-
     ment form above or below?, Neu Delhi and USA 1981

WEIMER, B.
     Unterentwicklung und Abhängigkeit in Botswana, Hamburg 1981

WEINAND, H.C.
     Some Spatial Aspects of Economic Development in Nigeria, in: The Journal of
     Developing Areas, Vol. 7 (1973), Nr. 2

WEISS, D.
     Socioeconomic Analysis and Identification of a Priority Project in the Kosi Region,
     Nepal, in: A. Bendavid-Val, P.P. Waller (eds.), Action-oriented Approaches to
     Development planning, New York 1975

-    Infrastrukturplanung, Berlin 1971

WEISS, D.; OJHA, D.P. et al.
     Regional Analysis of Kosi Zone/Eastern Nepal, Berlin, Kathmandu 1972

WINIARSKI, B.
  The Local Plan and Its Interdependence with Planning on National Level, in: K. Secomski (ed.), Spatial Planning and Politicy, Theoretical Foundations, Warschau 1974

ZEHENDER, W.
  Botsuana, Länderprogramm für die 80er Jahre, Analyse und Empfehlungen für die Entwicklungszusammenarbeit, Berlin o.Jg.

Statistische Quellen aus Botswana:

BANK OF BOTSWANA
  Annual Report 1981, Gaborone 1982

CSO
  Country Profile, 1980, Gaborone 1980

CSO; MFDP
  Social Data Bulletin, Vol. 1, No. 1, Gaborone 1982

-   Employment Survey, Gaborone, versch. Jgg.

DEPARTMENT OF CUSTOMS AND EXISE
  External Trade Statistics, Gaborone, versch. Jgg.

DEPARTMENT OF INFORMATION AND BROADCASTING
  Botswana '82 Yearbook, Gaborone 1982

DTRP
  Draft, Primary Centres of Botswana, Gaborone o.Jg.

-   Draft, Secondary Centres of Botswana, Gaborone 1979

-   Location of Services in Botswana, Gaborone 1981

INTER-MINISTERIAL WORKING GROUP
  The Development of Productive Employment: A Policy for Financial Assistance, Gaborone 1982

MCI
  Industrial Licencing Statistics, Gaborone 1983

-   Proceedings of the Role of Brigades in Rural Industrialization, Gaborone 1981

MLGL
  Unveröffentlichte Untersuchung, Gaborone 1983

o.V.
  Summary Statistics on Small Areas, 1981 Population and Housing Census, CSO, MFDP (eds.), Gaborone 1982

REPUBLIC OF BOTSWANA
Social Accounts Matrix 1974/75, CSO, MFDP (eds.), Gaborone 1978

- Final Report of the Jwaneng Town Plan, Gaborone 1980

- National Development Plan 1979-85, Gaborone 1980

- Report of the Census of Selebi - Phikwe, Gaborone 1975

- Location of Services in Botswana, Gaborone 1981

- Statistical Bulletin, Vol. 7, No. 1, Gaborone 1982

- Financial Statements, Tables and Estimates of Consolidates and Development Fund Revenues 1982/83, Gaborone 1982

- Draft Guide to the Villages of Botswana, Gaborone 1982

- Draft Guide to the Villages of Botswana, 1981 Population Census, Gaborone 1982

- Population Census, Gaborone versch. Jgg.

- National Accounts of Botswana, Gaborone versch. Jgg.

- Statistical Bulletin, Gaborone versch. Jgg.

REPUBLIC OF Botswana; DEPARTMENT OF MINES
Annual Report, Gaborone versch. Jgg.

SELEBI-PHIKWE TOWN COUNCIL
Selebi-Phikwe Development Plan, versch. Ausgaben, Selebi-Phikwe versch. Jgg.

STATISTICS UNIT, MWC
Transport Statistics, Gaborone versch. Jgg.

- Sonderbericht zum Public Transport Survey, Gaborone 1983, (unveröffentlichtes Manuskript)

- WILSON, H; LEWIS,
Lobatse - Planning Proposals, Gaborone 1971

Geographisches Institut
der Universität Kiel